Les ratios qui comptent

Éditions d'Organisation
Groupe Eyrolles
61, Bd Saint-Germain
75240 Paris Cedex 05
www.editions-organisation.com
www.editions-eyrolles.com

Cet ouvrage a fait l'objet d'un reconditionnement
à l'occasion de son troisième tirage (nouvelle couverture).
Le texte reste inchangé par rapport au tirage précédent.

Jean LOCHARD

Les ratios
qui comptent

Deuxième édition
Troisième tirage 2008

EYROLLES

Éditions d'Organisation

Sommaire

Première partie

L'indispensable à savoir pour utiliser efficacement les ratios dans la gestion de l'entreprise

Deuxième partie
Quels ratios utiliser pour un diagnostic
au niveau global de l'entreprise ?

Sommaire

Troisième partie

Quels ratios utiliser au niveau des fonctions, centres et unités de gestion ?

Sommaire

Quatrième partie

Quels ratios sont utilisés pour la veille économique ?

Cinquième partie

Quels ratios spécifiques utiliser en fonction de son métier et de son secteur d'activité ?

Introduction

Un livre sur les ratios peut paraître aussi indigeste qu'un dictionnaire sans images dans lequel il est souvent pénible de retrouver ce que l'on cherche quand on est pressé, les dictionnaires électroniques n'étant pas tellement plus attrayants.

La compréhension des ratios nécessite la maîtrise d'une langue que certains qualifient de jargon. Il s'agit des termes portant sur l'économie générale et l'économie d'entreprise ; c'est la raison pour laquelle ce livre commence par décrire la signification d'une centaine de mots basiques.

Pour retrouver facilement un terme, un mot, un concept, on a ajouté un lexique qui permet de retrouver les éléments consultatifs des ratios c'est-à-dire, en particulier, le numérateur et le dénominateur d'un rapport. Ce lexique porte également sur des termes généraux cités dans les textes du livre.

Pour être utile au plus grand nombre, il nous a fallu décrire environ 250 ratios dont l'utilisation varie en fonction du rôle économique de chacun – chef d'entreprise, cadre, épargnant, conseil, actionnaire, administrateur, technicien, étudiant, en fonction de ce que l'on cherche à comprendre, à exploiter, à gérer ou en fonction de ses connaissances lointaines, appronfondies ou, parfois, apprises, élémentaires et, enfin, en fonction de ses propres objectifs.

Chaque chapitre est précédé d'une explication préliminaire. À la fin de chaque chapitre il est proposé un résumé de l'essentiel de ce qui est à retenir. Un signe distinctif est apposé en face d'une quarantaine de ratios que chacun d'entre nous doit connaître et maîtriser dès lors qu'il s'intéresse un tant soit peu à l'économie.

Ce livre d'abord conçu comme une aide au management et à la décision peut évidemment, être considéré comme un outil de formation en vue d'acquérir des connaissances.

Nous sommes tous devenus des migrants fonctionnels, temporels, géographiques, professionnels et, de ce fait, nos centres d'intérêt changent dans le temps et dans l'espace. Nous souhaitons que ce livre reste une référence facile à consulter sinon même utilitaire en fonction de nos zappings personnels.

Jean LOCHARD

*Avec les remerciements de l'auteur à Maïté SAUVAGE
qui a assuré la mise au point et les coordinations nécessaires
à la parution de cet ouvrage et à Dominique GILBERT pour ses nombreux conseils
et apports.*

Avant de commencer, testez-vous

20 QUESTIONS...

Il faut, au moins, 15 réponses correctes pour exploiter sans difficultés ce livre.

		VRAI	FAUX
1	La totalité des valeurs ajoutées des entreprises d'une nation correspond (à peu près) à la production intérieure brute.		
2	L'autofinancement est indiqué en clair au bilan des entreprises après affectation du résultat.		
3	Le chiffre d'affaires, hors TVA, et la production immobilisée sont des produits d'exploitation.		
4	Emprunt et dette ont la même signification au passif du tableau de financement.		
5	Le résultat courant comprend le résultat opérationnel et le résultat financier.		
6	Une étude budgétaire comportant plusieurs hypothèses d'activité peut révéler des seuils de rentabilité successifs alternant zones de profits et zones de pertes.		
7	La valeur des stocks est portée au bilan tandis que leur variation est une donnée du compte de résultat.		
8	Les dotations aux comptes d'amortissement sont égales à la somme des amortissements techniques d'un exercice.		
9	Les dividendes mis en distribution sont inclus dans les dettes à court terme.		
10	Les coûts directs sont caractérisés par leur affectation sans ambiguïté possible à une activité ou à un produit.		
11	La masse salariale correspond au temps de production.		
12	Il est absolument impossible de mesurer l'activité d'un centre administratif.		
13	L'achat d'une voiture par un ménage est à considérer comme un investissement au même titre que dans une entreprise.		
14	Le fonds de roulement net est de 35 ; le BFR est de 5 ; la trésorerie est de 30.		
15	Dans une entreprise, le gestionnaire a presque toujours intérêt à calculer la rotation de l'actif circulant.		
16	En simplifiant, la valeur boursière d'une entreprise correspond au produit du nombre de ses actions par la valeur de l'action en bourse.		
17	Les stocks d'en-cours sont valorisés avec une part du résultat prévisionnel pour faire ressortir la vérité économique.		
18	Un objectif se traduit par un volume exprimé en quantité et/ou en valeur devant être atteint à une date donnée et/ou en une durée déterminée.		
19	La dotation aux amortissements étant de 100, la dotation (moins les reprises) aux provisions étant de 60 et le résultat avant impôt étant de 30, l'autofinancement est de 190.		
20	La TVA est enregistrée dans un compte de bilan, les dettes et les créances étant exprimées TVA comprise au bilan.		

Pour les scores, voir page 4.

Les ratios

N°	VRAI	FAUX	
1	X		C'est exact. L'erreur serait d'additionner les chiffres d'affaires de toutes les entreprises d'une nation.
2		X	Le bilan avant affectation du résultat indique le résultat au passif. Après affectation, le bilan indique le report à nouveau et les dividendes à distribuer.
3	X		Ce sont deux postes en produits auxquels il faudrait ajouter (entre autres) les produits financiers et exceptionnels ainsi que la variation des stocks aval.
4		X	Avoir emprunté un million d'euros n'a pas le même sens que de devoir 400 000 euros (somme portée au passif du bilan). De plus, le terme « passif au tableau de financement » n'a pas de sens.
5	X		Exact, c'est la définition du plan comptable.
6	X		Il peut y avoir successivement des zones de profits et des zones de pertes en fonction de l'évolution des coûts de structure (par paliers).
7	X		Exact. Les stocks doivent être isolés par grandes catégories tant dans les stocks amont que dans les stocks aval.
8		X	En principe non. La logique fiscale ne correspond pas forcément à la réalité économique et technique propre à chaque entreprise.
9	X		Oui. Il peut y avoir des dividendes affectés à un compte courant d'actionnaire.
10	X		C'est une définition partielle d'un coût direct.
11		X	Une masse salariale ne comprend pas de temps mais des salaires charges sociales comprises.
12		X	Il ne faut jamais généraliser. La plupart des activités peuvent être mesurées avec plus ou moins de précision et de pertinence.
13		X	Non. C'est un bien durable de consommation. Seuls les logements sont considérés comme des investissements pour les ménages.
14	X		TR = FRN – BFR en supposant que les termes soient positifs. Ici : 35 – 5 = 30.
15	X		L'un des rôles essentiels de tout gestionnaire est de faire tourner de plus vite possible les stocks, les créances et les disponibilités. Cela réduit les besoins de financement.
16	X		Oui, c'est une valeur qui évolue en permanence surtout si les actions sont cotées sur plusieurs Bourses : Tokyo, New York, Francfort, Paris...
17		X	Un stock ne peut en aucun cas et sciemment contenir (ou incorporer) des résultats. Ce serait très risqué, illogique et anti-économique tant que la vente n'est pas faite.
18	X		C'est une définition d'un objectif.
19		X	N'ayant ni les impôts, ni les dividendes, il est impossible de calculer l'autofinancement.
20	X		La TVA est enregistrée dans un compte de tiers (État). Les dettes et les créances au bilan sont exprimées TTC.

Une réponse juste = 1 point

0 à 10 points	Vous avez intérêt à vous perfectionner en comptabilité et en gestion pour exploiter ce livre sur les ratios.
11 à 15 points	Vous risquez de rencontrer quelques difficultés dans la lecture et la compréhension de certains ratios. Lisez avec attention les définitions des pages 7 à 27.
16 à 20 points	Vos connaissances en gestion paraissent suffisantes pour exploiter ce livre sur les ratios sans trop de difficultés.

Tests

Ce livre comporte 3 autres tests de 10 propositions ou affirmations se rapportant aux ratios (pages 165, 186 et 200). Les affirmations contestables ou
fausses sont commentées sur la page 217.

Lorsqu'une affirmation est correcte, elle ne fait l'objet d'aucun commentaire,
ce qui ne signifie pas qu'elle ne puisse faire l'objet de développements. Dans
ce cas, les réponses peuvent être retrouvées dans les pages du chapitre pré-
cédant le test.

Par ailleurs, un test de 20 questions vous a été proposé page 3 pour évaluer
vos connaissances préalables à l'exploitation de ce livre (en comptabilité
générale et analytique, en gestion budgétaire et en économie générale).

Quelques précisions

- Dans ce livre, **les définitions** ne sont pas reprises au cours des différents
  chapitres. Il est particulièrement important pour le lecteur de se reporter fréquemment à la liste des définitions indiquées au début de livre.
- Sauf mentions spéciales (en particulier, pour les ratios de crédit client
  et crédit fournisseur), les termes se rapportant aux achats, aux ventes
  ou au chiffre d'affaires sont **exprimés hors TVA.**
- **Le terme d'entreprise,** largement utilisé dans ce livre, doit être pris
  au sens général et s'applique souvent à une entité économique, que ce
  soit une unité décentralisée, une filiale, une association ou un service
  public.
- Les ratios les plus usuels qu'il est indispensable de connaître sont signalés par * (une quarantaine).
- Tous les chiffres portés dans les schémas son exprimés en milliers
  d'Euros (K€), ou, parfois, en millions d'Euros (M€).
- L'exploitation de ce livre nécessite **d'avoir quelques notions
  essentielles de gestion** (comptabilité générale, comptabilité analytique et finance). À cet égard, il vous est conseillé de porter votre attention sur les réponses aux tests de la page 4.

Sigles

Pour alléger certaines formules, il a été parfois (le plus rarement possible) nécessaire d'utiliser des sigles

Ac	actif circulant
AF	autofinancement
BFR	besoin en fonds de roulement (d'exploitation)
CA	chiffre d'affaires (hors TVA)
CAC	cotation assistée en continu
CAF	capacité d'autofinancement
C/cl	créances sur clients
CDD	contrat (de travail) à durée déterminée
CDI	contrat (de travail) à durée indéterminée
C.per	capitaux permanents
C.pro	capitaux propres
CR	compte de résultat
DAS	domaine d'activité stratégique
Df	dettes fournisseurs
DRH	direction des ressources humaines
EBE	excédent brut d'exploitation
FRN	fonds de roulement net
FBCF	formation brute de capital fixe
K€	« kilo Euros » ou millier d'Euros
MBA	marge brute d'autofinancement
M€	million d'Euros
ME	moyens économiques
Mf	moyens financiers
P	production
PER	price earning ratio
PI	production immobilisée
PIB	produit intérieur brut
PS	production stockée
PB	production vendue
R	résultat
SAV	service après-vente
SK	stock
TR	trésorerie (écart)
TVA	taxe sur la valeur ajoutée
UO	unité d'œuvre
VA	valeur ajoutée

Les définitions incontournables

Les définitions suivantes sont indispensables à connaître.
En cas de doute en cours de lecture, n'hésitez pas à vous reporter à la liste ci-dessous, car chaque terme ne peut être défini dans la suite de l'ouvrage.

➡ Les définitions suivies d'un astérisque (*) sont celles du plan comptable.

ACTIF CIRCULANT	Ensemble des stocks, des avances et des acomptes consentis aux fournisseurs d'exploitation, des créances, des valeurs de placement, des disponibilités et des charges constatées d'avance. L'actif circulant ne comprend ni les charges à répartir sur plusieurs exercices ni les primes de remboursement d'obligations ni les écarts de conversion d'actif. D'après la définition du plan comptable, il s'agit de l'ensemble des actifs correspondant à des éléments du patrimoine qui, en raison de leur destination ou de leur nature, n'ont pas vocation à rester durablement dans l'entreprise, sauf exceptions le plus souvent liées à des particularités d'activité.
ACOMPTES CONSENTIS	Les acomptes consentis sont des sommes versées à un fournisseur au fur et à mesure de l'avancement des travaux – souvent spéciaux – commandés à ce fournisseur. Les acomptes sont versés en fonction des **termes prévus dans les contrats** relatifs aux marchés ou dans les clauses des commandes.
AGRÉGAT	Un agrégat est un regroupement de valeurs caractéristiques indiquant une mesure de l'économie. En économie générale, le type même de l'agrégat est le **Produit Intérieur Brut**. Les **soldes intermédiaires de gestion**, tels que l'autofinancement, sont des agrégats au titre de l'économie d'entreprise.

AMORTISSEMENT DES IMMOBILISATIONS	Constatation comptable de la dépréciation due à l'**usage** ou à l'**obsolescence**. Ce constat correspond à la diminution de la valeur d'une immobilisation effectuée en fonction de critères économiques et fiscaux déterminants, en particulier, la durée et la méthode de dépréciation.
AMORTISSEMENT POUR DÉPRÉCIATION	Constatation comptable d'un amortissement de la valeur d'un élément d'actif résultant de l'usage, du temps, de changement de technique et de toute autre cause. En raison des difficultés de mesure de cet amoindrissement, l'amortissement consiste, généralement, à étaler sur une durée probable de vie la valeur des biens amortissables. Cet étalement prend la forme d'un plan d'amortissement. Il peut être calculé suivant diverses modalités.
AUTOFINANCEMENT	**Ressource due à l'activité de l'entreprise et conservée par devers elle.** L'autofinancement correspond à la somme des dotations aux amortissements et aux provisions (moins les reprises) et de la masse du résultat non distribué (affectation au report à nouveau et aux réserves). L'autofinancement peut être négatif.
BESOIN EN FONDS DE ROULEMENT	**En principe, expression sans signification** puisqu'on ne sait pas de quel fonds de roulement il s'agit. La plupart du temps, les spécialistes pensent « BFR », ce qui signifie « besoin en fonds de roulement d'exploitation ». D'après certains, on pourrait parler de « besoin négatif ». Voir « fonds de roulement d'exploitation ».
BILAN	**Inventaire** chiffré **à une date précise** de la situation : • d'une part, des biens, des moyens et des droits détenus par l'entreprise, et, • d'autre part, des dettes de l'entreprise tant vis-à-vis de ses propriétaires que des autres tiers. Le bilan peut être défini comme étant la **situation à une date précise** des ressources et des emplois de l'entreprise.

CAPACITÉ D'AUTO-FINANCEMENT	La capacité d'autofinancement est, dans une définition simplifiée, une forme de résultat comprenant : • le résultat, • la dotation (moins les reprises) aux amortissements et aux provisions. En fait, la capacité d'autofinancement est particulièrement délicate à déterminer d'après la procédure préconisée par le plan comptable général. La capacité d'autofinancement sert à établir des calculs de rentabilité globale pour **comparer des entreprises entre elles.**
CAPITALISATION BOURSIÈRE	Valeur d'une action cotée en Bourse multipliée par le nombre d'actions émises. La capitalisation boursière varie en permanence. Elle peut se calculer à partir d'un cours moyen sur une période définie ou par moyenne des cours à la fin de chaque mois boursier avec les 12 derniers mois.
CAPITAUX CIRCULANTS	Voir « actif circulant ».
CAPITAUX ÉCONOMIQUES	Postes d'actif du bilan.
CAPITAUX ENGAGÉS	Ce terme est particulièrement ambigu bien qu'utilisé couramment dans des sens peu rigoureux (aucune définition officielle du terme n'existe). En fait, il s'agit des capitaux financiers nécessaires pour réaliser un projet ou un investissement déjà commencé ; le terme de capitaux investis correspond (plutôt) à un engagement financier irréversible.
CAPITAUX FINANCIERS	Postes du passif au bilan.
CAPITAUX PERMANENTS	Terme cité une fois par le plan comptable signifiant ensemble des capitaux propres et des dettes à plus d'un an. Les capitaux permanents correspondent à **« l'excédent de l'actif sur les dettes à moins d'un an »** défini par le bilan en liste du système de base. ➤➤➤

CAPITAUX PERMANENTS *(suite)*	En fait, cet agrégat est difficile à calculer avec les documents de synthèse du plan comptable qui ne désignent les dettes que par nature et non par ordre d'exigibilité. Il faut donc analyser de près les indications portées sur l'état des échéances des créances et des dettes pour pouvoir calculer les capitaux permanents (notion cependant très importante). D'une façon plus simple et plus pratique, les capitaux permanents regroupent les capitaux propres et les dettes à plus d'un an à une date précise.
CAPITAUX PROPRES	Ensemble des ressources financières restant, en principe, définitivement à la disposition de l'entreprise. Les capitaux propres comprennent essentiellement les apports des propriétaires sous forme de capital, les bénéfices antérieurs accumulés sous forme de réserves ou de report à nouveau, les plus-values dégagées soit par l'inflation (écarts de réévaluation) soit par des opérations financières (opérations de fusion, d'apports, etc.), les provisions réglementées ainsi que les subventions d'investissement.
CHARGES	Terme comptable désignant les consommations de l'entreprise chiffrées en valeurs monétaires. Les charges comprennent les achats consommés et les frais qui se rapportent à l'exploitation de l'exercice en cours, ainsi que les dotations aux comptes d'amortissements et de provisions.
CHARGES D'ACTIVITÉ	Les charges d'activité sont **liées à l'activité. Elles sont aussi appelées « variables »** (parce qu'elles varient en fonction de l'activité) ou **« opérationnelles »** (parce qu'elles sont liées aux opérations d'exploitation). Les charges d'activité son rarement proportionnelles à l'activité. La notion de charges d'activité est utilisée dans les budgets flexibles.
CHARGES DIRECTES	Charges que l'on peut affecter sans la moindre ambiguïté et sans répartitions préalables à un compte de production, à une affaire, à une activité, à un centre.

CHARGES INDIRECTES	Charges qui ne peuvent être affectées à un compte de production, à une affaire, à une activité ou à un centre que par l'intermédiaire d'une répartition ou d'un centre d'analyse.
CHARGES OPÉRATIONNELLES (ou charges variables)	Charges liées au fonctionnement de l'entreprise. L'évolution de ces charges dépend étroitement du degré d'utilisation, de l'intensité et du rendement dans l'emploi des capacités et moyens disponibles. Ces charges sont, le plus généralement, « variables » avec le volume d'activité, sans que cette variation lui soit nécessairement proportionnelle.
CHARGES DE STRUCTURE*	Charges liées à l'existence de l'entreprise et correspondant, pour chaque période de calcul, à une capacité de production déterminée. L'évolution de ces charges avec le volume d'activité est discontinue. Ces charges sont relativement « fixes » lorsque le niveau d'activité évolue peu au cours de la période de calcul.
CHIFFRE D'AFFAIRES	Montant des factures envoyées aux clients au cours d'une période. Il est exprimé hors TVA ou TVA comprise (il est préférable de toujours l'exprimer hors TVA). Le chiffre d'affaires incorpore le montant des factures à envoyer aux clients et correspondant à des travaux, fournitures ou services effectivement terminés ou en cours de livraison à la clôture de l'exercice (ou de la période prise en considération).
COMPTE DE RÉSULTAT	Divisé en deux colonnes, ce compte enregistre, d'un côté, les charges (ce que l'entreprise a consommé) et, de l'autre, les produits (ce que l'entreprise a produit et vendu) au cours d'une période. La différence entre les deux colonnes dégage le résultat. Les charges et les produits sont répartis en **opérations d'exploitation (correspondant à ce qui est le « métier de base » de l'entreprise)**, en **opérations financières** et en **opérations exceptionnelles** (opérations qui ne se reproduisent pas systématiquement d'une année sur l'autre). La comparaison, poste par poste, du compte de résultat prévisionnel et du compte de résultat réel, découpés en tranches mensuelles ou trimestrielles, permet de procéder à un contrôle budgétaire global au niveau de l'exploitation de l'entreprise.

CONCOURS BANCAIRES COURANTS	Dettes à court terme vis-à-vis des banques sous forme de découverts. Ces dettes varient en fonction des besoins de trésorerie de l'entreprise dans la limite d'un plafond autorisé et révisé périodiquement. Ces concours doivent faire l'objet de prévisions et de planification à court terme, ne serait-ce que pour les négociations auprès des banques. Leurs montants et leurs coûts sont des éléments de la gestion budgétaire.
CONJONCTURE	Ensemble d'éléments économiques et financiers caractéristiques d'une **période courte** et actuelle, d'un espace politique ou géographique ou sectoriel.
CONTRÔLE BUDGÉTAIRE	Le contrôle budgétaire consiste essentiellement : • à constater et à analyser des **écarts** entre des prévisions et des réalisations, • à entreprendre des **actions correctives** coordonnées pour atteindre des objectifs, • à rendre compte périodiquement et régulièrement suivant des **procédures** propres à chaque entreprise.
CONTRÔLE DE GESTION	Ensemble des dispositions prises pour fournir aux dirigeants et aux divers responsables des données chiffrées périodiques caractérisant la marche de l'entreprise. Leur comparaison avec des données passées ou prévues permet aux dirigeants de déclencher rapidement les mesures correctives appropriées avec l'aide ou les conseils du contrôleur de gestion. Le contrôleur de gestion a pour mission d'étudier, de normaliser, de mettre à jour et de diffuser des procédures et des tableaux de bord. Le contrôle de gestion est un **système d'information, de communication et de formation**. Le contrôle de gestion s'appuie sur les principes de cohérence, de pertinence et de convergence.
COÛT*	Somme de charges relatives à un élément défini au sein du réseau comptable. Un coût est défini par les trois caractéristiques suivantes : • le **champ d'application** du calcul : un moyen d'exploitation, un produit, un stade d'élaboration du produit... ; ►►►

COÛT* *(suite)*	• **le contenu** : les charges retenues en totalité ou en partie pour une période déterminée ; • **le moment du calcul** : antérieur (coût préétabli) ou postérieur (coût constaté) à la période considérée. Un coût est une accumulation de charges correspondant soit à une fonction ou a une partie de l'entreprise, soit à un objet, une prestation de services, un groupe d'objets ou de prestations de services.
COÛT D'ACHAT	Montant figurant sur les factures d'achat des marchandises, matières et fournitures, **majoré de tous les frais accessoires d'achat et éventuellement des frais d'approvisionnement** jusqu'au stade ultime de leur entrée dans le stock de l'entreprise. Les coûts d'achat représentent tout ce qu'ont coûté **hors TVA récupérable** les marchandises et les matières jusqu'au stockage, c'est-à-dire le montant figurant sur les factures d'achat majoré de tous les frais d'achat y compris les droits de douane et, éventuellement, des frais d'approvisionnement. Ces coûts sont calculés distinctement par nature de marchandises ou de matières, ou, exceptionnellement, par groupe de marchandises ou de matières.
COÛT D'ACQUISITION*	Le coût d'acquisition d'un bien s'obtient en additionnant les éléments suivants : • **le prix convenu**, c'est-à-dire le montant en francs résultant de l'accord des parties à la date de l'opération ; • les **frais accessoires**, c'est-à-dire les charges directement ou indirectement liées à l'acquisition pour la mise en état d'utilisation du bien ou pour son entrée en magasin (par exemple : frais de transport, frais d'installation et de montage...). NOTA : si l'opération acquisitive stipule un prix d'achat, le coût d'acquisition s'identifie alors avec le coût d'achat.
COÛT DE DISTRIBUTION (ou coût de commercialisation)*	Coût comprenant exclusivement les charges directes et indirectes afférentes à l'exercice de la fonction de distribution ou de commercialisation. Le coût de distribution ne comprend pas le montant des ventes.

COÛT STANDARD	Coût préétabli déterminé dans des **conditions d'exploitation normalisées,** c'est-à-dire définies avec précision dans des circonstances normales d'exploitation. On peut également avoir des prix de vente standard.
CRÉDIT CLIENT	Ensemble des créances correspondant aux **factures TTC** envoyées au client non réglées. Ce crédit est volontaire dans le cadre d'une politique commerciale ou subie soit par négligence des clients, soit par mauvaise foi, soit par des litiges, soit par des défaillances.
CRÉDIT FOURNISSEUR	Crédit accordé par les fournisseurs qui acceptent de n'être payés de leurs factures qu'après un délai de 30 à 120 jours. C'est une **ressource pour l'entreprise cliente.**
DOMAINE D'ACTIVITÉ STRATÉGIQUE (DAS)	En fait, **l'un des métiers** d'une entreprise qui en a plusieurs. Quand le métier est trop vaste – l'automobile par exemple – on en fait plusieurs DAS car les stratégies sont différentes (marchés, prix, volumes, évolution technique, évolution des coûts et investissements nécessaires...). On a, alors, le DAS véhicules utilitaires, véhicules espace, véhicules à deux et quatre places de moins de 5 CV, berlines de luxe ou, pourquoi pas, véhicules électriques.
DÉCOUVERT	Prêt variable mais limité (plafonné) d'une banque à une entreprise en difficulté de trésorerie sur plusieurs semaines et même plusieurs mois. Ce crédit est souvent renouvelable par accord verbal et peut être confirmé par la signature d'un banquier.
DIAGNOSTIC	Le diagnostic est un **ensemble de constats** fonctionnels quantitatifs et qualitatifs consistant à faire le point sur la situation d'une entreprise en dégageant – entre autres – les points forts et les points faibles, les risques et les opportunités face à ses différents environnements (marché, géographique, technologique, fiscal, politique) et dans chacun de ses domaines d'activité. On peut établir des diagnostics partiels par produits, matières ou secteurs ou par fonctions : commercial, social, finance, technique... ►►►

DIAGNOSTIC *(suite)*	Dans la pratique, un diagnostic comporte un certain nombre de propositions en vue d'atteindre des objectifs à court terme (dans le cadre des budgets) ou lointains (stratégie).
DISPONIBILITÉS **(ou liquidités)**	Il s'agit de l'argent disponible sous forme de comptes débiteurs en banque, aux chèques postaux ou en caisse. On compte – surtout pour les ratios – en disponibilités des valeurs placées immédiatement disponibles (placements).
EBIT	« Earning Before Interest and Taxes ». Terme utilisé par les analystes financiers américains correspondant au résultat brut d'exploitation.
EBITDA	« Earnings Before Interest, Taxes, Depreciation and Amortization ». Terme utilisé par les analyses financiers américains correspondant au résultat d'exploitation avant amortissement.
ÉCART*	Différence entre une donnée de référence et une donnée constatée. Exemples : écart entre coût prévu et coût réalisé, entre quantité allouée et quantité consommée...
EN-COURS	Production de biens (produits) ou de services (prestations) en cours de réalisation. Les stocks d'en-cours au moment du bilan représentent des biens ou des services non vendables dans l'état où ils se trouvent dans le processus de fabrication ou de réalisation au moment de l'inventaire. Dans les entreprises travaillant sur commande, sur des produits ou des services longs à réaliser et complexes, l'évolution des en-cours est la partie la plus importante du contrôle budgétaire.
ENGAGEMENTS **FOURNISSEURS** **(plus précisément** **« engagements** **vis-à-vis des** **fournisseurs »)**	Montant des commandes passées aux fournisseurs n'ayant pas encore fait l'objet d'une facture reçue du fournisseur. On peut retirer des engagements les avances et les acomptes consentis aux fournisseurs.

ESCOMPTE	L'escompte consiste à remettre à une banque une créance sous forme de facture et d'avoir immédiatement le crédit correspondant. L'entreprise reste responsable de cette créance jusqu'à son dénouement.
EXCÉDENT BRUT D'EXPLOITATION (ou insuffisance)	Différence, d'une part, entre les produits d'exploitation autres que les produits financiers et reprises de charges et, d'autre part, les charges d'exploitation autres que les charges financières et dotation aux amortissements et aux provisions. L'excédent brut d'exploitation (EBE) est l'un des soldes intermédiaires de gestion.
FAÇONNAGE	Opération qui consiste à sous-traiter à une autre entreprise la réalisation d'un produit ou d'un service en lui fournissant les matières, les pièces détachées, les plans et tous les moyens nécessaires. Le façonnier ne facture que de la main-d'œuvre.
FONDS DE ROULEMENT D'EXPLOITATION	Écart entre les capitaux économiques nécessaires à l'exploitation (en particulier, les stocks et les créances sur clients) et les capitaux financiers nécessaires à l'exploitation (en particulier, les dettes aux fournisseurs d'exploitation). Correspond au terme usuel de « BFR » ou « besoin en fonds de roulement ».
FONDS DE ROULEMENT NET	Écart entre les capitaux permanents et les immobilisations nettes.
IMMOBILISATIONS	Valeur d'un bien matériel ou immatériel ou financier diminuée des amortissements depuis la création de l'immobilisation, c'est-à-dire la date de mise en service qui est le point de départ de l'amortissement.
IMMOBILISATIONS CORPORELLES*	Choses sur lesquelles s'exerce un droit de propriété. Ces immobilisations se répartissent au bilan, lorsqu'elles sont terminées, sous les rubriques suivantes : • terrains (y compris agencements et aménagements des terrains) ; • constructions ; • installations techniques, matériels industriels et outillages ; • autres immobilisations corporelles ; et lorsqu'elles ne sont pas terminées, sous la rubrique : • immobilisations en cours.

IMMOBILISATIONS FINANCIÈRES*	Catégorie d'immobilisations constituée par certaines créances et par certains titres.
IMMOBILISATIONS INCORPORELLES	Elles sont représentées par la valeur des droits, des recherches ou des études, c'est-à-dire des biens immatériels dont l'entreprise a la jouissance pour une période en principe longue. Les principaux postes sont : • les frais d'établissement ; • les études et les recherches ; • le fonds commercial, dont le droit au bail ; • les brevets et les licences.
INDÉPENDANCE FINANCIÈRE	Rapport entre les dettes (généralement limitées au moyen et long terme) et les fonds propres.
INDICE DE CAPITALISATION (PER)	Ratio inverse du taux de rentabilité d'une action. Il s'agit de déterminer le multiplicateur du résultat pour obtenir le cours de l'action. Il s'exprime par la formule générale : $$\frac{\text{valeur boursière de l'action}}{\text{résultat}}$$ ou $$\frac{\text{valeur boursière de l'action}}{\text{dividende}}$$
INVENTAIRE	Opération qui consiste à compter en quantités et à valoriser en unités monétaires l'ensemble des biens et des dettes de l'entreprise à une date donnée. **L'inventaire n'est pas limité à la notion de stocks.**
INVENTAIRE COMPTABLE PERMANENT*	Organisation des comptes de stocks qui, par l'enregistrement des mouvements, permet de connaître de façon constante, en cours d'exercice, les existants chiffrés en quantités et en valeurs.
INVENTAIRE TOURNANT	Opération physique de comptage des stocks par produit au cours de l'année. Cet inventaire permet de dégager en permanence les différences d'inventaire et de valoriser au plus juste les stocks sans être obligé d'arrêter la production ou la vente pendant plusieurs jours à la fin de l'exercice.

INVESTISSEMENT	L'investissement est caractérisé par une dépense effectuée à un moment donné pour en retirer un profit futur, à plus d'un an (à moins d'un an, on a, plutôt, la notion de placement). Un investissement doit faire l'objet d'un budget et d'un suivi dans le cadre du contrôle budgétaire, surtout s'il est important et s'il a fait l'objet d'une **étude de rentabilité**.
LIQUIDITÉ GÉNÉRALE	Ratio du fonds de roulement net par le bas $$\frac{\text{actif circulant}}{\text{dettes à court terme}}$$
LIQUIDITÉ RÉDUITE	$$\frac{\text{créances clients + disponibilités}}{\text{dettes à court terme}}$$
LIQUIDITÉS	Argent disponible en caisse ou en dépôt dans les banques.
MARGE	Différence entre un prix de vente et un coût. Une marge est, généralement, qualifiée à partir du coût auquel elle correspond. Exemple : marge sur coût variable, marge sur coût de production, marge sur coût direct, etc. La notion de marge est liée aux techniques du contrôle budgétaire : une marge peut être l'expression d'un objectif.
MATIÈRES PREMIÈRES (et fournitures)	Objets et substances plus ou moins élaborés destinés à entrer dans la composition des produits traités ou fabriqués.
MÉNAGES	Terme d'économie générale. Les ménages sont les particuliers vivant en famille ou en communauté. Il s'agit « d'un agent économique » ou d'un « secteur institutionnel » (comme les administrations, les entreprises, les institutions financières...).
MULTIPLE SUR BÉNÉFICE	Voir « indice de capitalisation ».

NIVEAU DE VIE	Le niveau de vie est une quantité de biens détenus par les habitants d'une nation ou d'une région économique. On l'exprime approximativement par le rapport : $$\frac{\text{nombre de biens[1]}}{\text{total des habitants (ou des ménages)}}$$ On peut également le mesurer par le rappport : $$\frac{\text{production intérieure brute (PIB)}}{\text{total des habitants}}$$ **Le niveau de vie n'est pas un indicateur de la satisfaction des individus** ; c'est pourquoi il ne faut pas confondre niveau de vie et qualité de la vie – ou bonheur – des individus qui ne peuvent s'exprimer par des chiffres.
OBJECTIF	Un objectif est un **résultat précis à atteindre, dans un délai déterminé**, défini quantitativement et qualitativement avec les moyens attribués pour agir. Si celui qui doit atteindre l'objectif a participé à sa définition, il est normal que son accord constitue un engagement. La notion d'objectif est une référence indispensable en gestion budgétaire.
PASSIF CIRCULANT	Ensemble des avances et acomptes reçus des clients, des dettes fournisseurs, des dettes d'exploitation et hors exploitation et des découverts. Il s'agit, en fait, des dettes à court terme, y compris les comptes de régularisation.
PRICE EARNING RATIO (PER)	Voir « indice de capitalisation ».
PRODUCTION	Ensemble des biens produits ou transformés ou vendus à des tiers ou mis en stock pendant une période.

---

1. *Voitures, réfrigérateurs, postes téléphoniques, téléviseurs...*

PRODUCTION IMMOBILISÉE	Valeur des matériels, installations, outillages et études réalisés par l'entreprise pour elle-même pendant une période. La production immobilisée est valorisée en coût de production. Elle apparaît en produit d'exploitation et à l'actif du bilan.
PRODUCTION STOCKÉE	Valeur de la variation des stocks aval au cours d'une période. La production stockée – celle qui n'a pas été transférée à des tiers – est valorisée en coût de production.
PRODUCTIVITÉ	La productivité est le rapport entre une activité et les moyens mis en œuvre pour générer cette activité. La productivité, dans son calcul, ne fait pas intervenir le résultat.
PRODUCTIVITÉ GLOBALE	Rapport entre une production et l'ensemble des facteurs de production. Elle s'exprime, le plus souvent, par le rapport : $$\frac{\text{chiffre d'affaires HT (ou production de la période)}}{\text{actif (ou moyenne annuelle de l'actif)}}$$
PRODUITS FINIS*	Produits qui ont atteint un stade d'achèvement définitif dans le cycle de production.
PRODUIT INTÉRIEUR BRUT (PIB)	Le produit intérieur brut (PIB) mesure la **richesse créée dans l'année**. Les disponibilités économiques, produites sur le territoire (ou PIB marchand) ou en provenance de l'extérieur (importations) sont également classées selon l'usage qui en est fait : livraisons à l'étranger (exportations), utilisations immédiates (consommation finale) et investissements (FBCF ou formation brute de capital fixe). Les services gratuits (l'enseignement par exemple) sont comptabilisés pour ce qu'ils coûtent à la collectivité ; en ajoutant leur valeur à celle du PIB marchand, on obtient le PIB total. *Autre définition :* Somme des valeurs ajoutées de tous les secteurs institutionnels (agents économiques) résidant dans une nation, c'est-à-dire de toutes les entreprises au sens large du terme.

PRODUITS INTERMÉDIAIRES*	Produits qui ont atteint un stade d'achèvement, mais destinés à entrer dans une nouvelle phase du cycle de production.
PROFITABILITÉ	Résultat rapporté au chiffre d'affaires (synonyme de rentabilité au chiffre d'affaires). N'a de sens que dans la mesure où les résultats financiers et exceptionnels ne sont pas très importants par rapport au résultat opérationnel (il est préférable de ne prendre en compte que le résultat opérationnel).
RATIO	Un ratio est un **rapport** entre deux éléments chiffrés de l'économie de l'entreprise. Il s'exprime en pourcentage ou en valeur relative. Les ratios sont utilisés en contrôle budgétaire comme éléments de synthèse, en particulier dans les tableaux de bord.
RENDEMENT	**Nombre d'unités d'œuvre variables rapportées à des unités fixes pour réaliser ces unités d'œuvre.** Les rendements sont intéressants pour leur évolution (ce qui est une forme de productivité) et pour faire des comparaisons entre les services, les unités de gestion ou les entreprises. Le rendement est la productivité d'une unité ou à l'unité. Exemples : • tonnes transportées (variables) par kilomètre (unité fixe) • nombre de kilomètres voyageurs (variables) par jour (unité fixe) Le contrôle budgétaire peut exprimer des objectifs et des performances en terme de rendement.
RENTABILITÉ	La rentabilité est un **rapport entre une forme de résultat et une activité ou entre une forme de résultat et un moyen mis en œuvre pour le générer.** La rentabilité peut être négative ou positive. La rentablité peut exprimer un objectif. Dans cette hypothèse, cette notion est utilisée en contrôle budgétaire.

RENTABILITÉ DES INVESTISSEMENTS (ou des projets)	**Flux net de trésorerie dégagé** après un certain temps par un investissement ou un projet rapporté au montant de l'investissement. Il s'agit d'une forme de **rentabilité prévisionnelle** qui devrait faire l'objet d'un contrôle (au sens de contrôle budgétaire) dans le temps, dès le début de la mise en œuvre de l'investissement ou du début de la réalisation du projet.
RENTABILITÉ D'EXPLOITATION	Rapport entre une forme de résultat et l'activité développée pour obtenir ce résultat. Le numérateur et le dénominateur doivent être cohérents (signification et unités choisies). Exemples : résultat d'exploitation par rapport aux produits d'exploitation, hors produits exceptionnels et financiers, exprimé en Euros ou marge commerciale d'une période par rapport aux ventes de marchandises de la même période. La rentabilité d'exploitation peut être l'expression d'un objectif et faire l'objet d'un contrôle (au sens de contrôle budgétaire).
REPRISE DE PROVISIONS	Lorsqu'un risque apparaît, il fait l'objet d'une dotation aux provisions passée en charges. Lorsque ce risque disparaît, elle est reprise en produits du compte de résultat. L'impôt sur les sociétés correspondant a été différé pendant la durée du risque.
RÉSULTAT	Écart entre : • d'une part, les charges y compris la variation des stocks amont, les dotations aux amortissements et aux provisions, l'impôt sur les bénéfices, la participation des salariés et, • d'autre part, l'ensemble des produits y compris la variation des stocks aval, les subventions d'exploitation, les reprises d'amortissements et de provisions.
RÉSULTAT ANALYTIQUE	Écart sur une période entre les consommations exprimées en coût de revient et les ventes exprimées en prix de vente hors taxes. Le résultat analytique peut être décomposé en plusieurs activités. En comptabilité analytique et en contrôle budgétaire, un résultat est une marge sur coût complet.

ROTATION DES STOCKS	Ratio qui permet, **par catégorie de stock,** de déterminer combien de fois le stock est, théoriquement, intégralement renouvelé au cours d'une période.
ROTATION DU PERSONNEL	Ratio mesurant les mouvements de personnes (entrées et sorties) au cours d'une période par rapport a l'effectif moyen de la période.
SCORING (ou méthode des scores)	Il s'agit d'une méthode consistant à pondérer le poids relatif de plusieurs ratios et à les additionner pour en tirer soit une note générale d'appréciation, soit une probabilité de défaillance (ou de non défaillance) à terme. De nombreuses combinaisons peuvent être adoptées. Cette méthode est en usage surtout dans les banques et les organismes financiers.
SEUIL DE RENTABILITÉ	Dit encore : point mort, point critique, point zéro ou point d'équilibre. Le seuil de rentabilité représente le chiffre d'affaires pour lequel l'entreprise ne fait ni profit ni perte. Au-dessous de ce niveau d'activité, l'entreprise (ou le centre) est en perte ; au-dessus, elle est dans la zone des bénéfices. Le seuil de rentabilité est un des éléments d'analyse de la gestion d'une entreprise ou d'un centre. Il est fondé sur la distinction entre les charges d'activité et les charges de structure. Ce n'est, en effet, que lorsque la totalité des charges de structure a été couverte par la marge sur coût d'activité qu'un résultat bénéficiaire peut être dégagé. **Le modèle économique du seuil de rentabilité est utilisé en contrôle budgétaire,** en particulier, dans la technique du « budget flexible ».
SOLDES INTERMÉDIAIRES DE GESTION	Système comptable ayant pour effet d'isoler neuf soldes à des stades différents d'élaboration du compte de résultat, en fonction d'agrégats se rapprochant de ceux de la comptabilité nationale. Ce système lourd, intellectuellement intéressant, rattaché au système développé, n'est pas obligatoirement applicable. Il a pour but de **faciliter les travaux de la comptabilité nationale et de faciliter (en principe) les comparaisons entre les grandes entreprises de la Communauté européenne.** ▶▶▶

SOLDES INTERMÉDIAIRES DE GESTION *(suite)*	Il a également pour but de **faire apparaître l'excédent ou l'insuffisance brut d'exploitation,** information indispensable à connaître pour établir la capacité d'autofinancement et, de là, le tableau de financement tel qu'il est défini par le plan comptable.
SOLVABILITÉ	La solvabilité d'une entreprise s'exprime par le rapport entre les capitaux propres et l'ensemble des dettes. Ce ratio est intéressant pour les banquiers mais son interprétation peut conduire à faire des contresens (mélange de dettes à très long terme et de dettes à très court terme).
SOUS-TRAITANCE	Consiste à faire exécuter par une autre entreprise ce que l'entreprise pourrait faire avec ses moyens normaux, quelles que soient les raisons pour lesquelles elle ne le fait pas. La sous-traitance sous-entend **que la matière n'est pas fournie** (si la matière est fournie, on parle de « **travaux à façon** » et de « **façonniers** »).
STANDARD	**Quantité** unitaire ou **coût** unitaire **préétabli** retenu pour valoriser les programmes et budgets des ventes, des frais de vente, des approvisionnements, des consommations de matières, des frais de production... Les **coûts unitaires standard** peuvent être évalués **soit en coûts complets** (y compris une quote-part des coûts de structure du niveau concerné), **soit en coûts variables** exclusivement. Les entreprises qui pratiquent les coûts complets en comptabilité analytique élaborent, pour leur gestion budgétaire, des coûts standard complets. Celles qui utilisent les méthodes inspirées du « direct-costing » se contentent de « standardiser » les éléments de coût liés aux produits, c'est-à-dire les coûts variables.
STOCK AMONT	Ensemble des biens (marchandises, matières premières, pièces détachées en provenance de l'extérieur, matières consommables, emballages perdus, fournitures diverses), entreposés dans l'entreprise ou chez un fournisseur sous la responsabilité de l'entreprise avant leur entrée dans le processus de transformation, de production, de vente ou de destruction.

STOCK AVAL	Ensemble des biens ou des services ayant subi un début de transformation ou de production tels que les en-cours de production de biens ou de services, les productions intermédiaires ou semi-ouvrées ou semi-finies, ou ayant terminé leur cycle de transformation et de production, tels que les produits finis.
STOCKS ET PRODUCTIONS EN COURS*	Ensemble des biens ou des services qui interviennent dans le cycle d'exploitation de l'entreprise pour être : • soit vendus en l'état ou au terme d'un processus de production à venir ou en cours, • soit consommés au premier usage. On distingue les stocks proprement dits des productions en cours. Les stocks proprement dits comprennent : • les approvisionnements : matières premières (et fournitures), matières consommables (et fournitures) ; • les produits : produits intermédiaires, produits finis, produits résiduels ; • les marchandises. Les stocks peuvent être directement inventoriés par rapport à une nomenclature. Les productions en cours sont des biens (ou des services) en cours de formation au travers d'un processus de production. Ils peuvent être inventoriés par assimilation conventionnelle à d'autres biens de la nomenclature ou par inscription sous une rubrique « non ventilable » de cette nomenclature. NOTA : *1 – suivant leur degré d'élaboration et leur origine, les emballages sont classés sous l'une ou l'autre des catégories énumérées ci-dessus,* *2 – les biens pour lesquels une décision d'immobilisation a été prise ne figurent pas dans les stocks. Ils sont comptabilisés dans la classe des immobilisations.*
STRATÉGIE	Dans un environnement concurrentiel, la stratégie de l'entreprise se définit par une succession d'actions concertées en vue d'améliorer sa position sur le marché. ▶▶▶

Les ratios

STRATÉGIE *(suite)*	Elle se traduit par des choix et des décisions portant sur tous les aspects de la gestion et, notamment, sur les facteurs susceptibles d'améliorer la pénétration de ses produits (stratégie offensive) ou de résister aux pressions de ses concurrents (stratégie défensive). La stratégie élabore l'itinéraire pour atteindre **des objectifs** à moyen terme et, le plus souvent, à **long terme.**
TABLEAU DE BORD	Un tableau de bord est un ensemble de données chiffrées nécessaires et suffisantes, mises sous forme de graphiques ou de tableaux synthétiques en vue d'avoir les informations permettant aux différents responsables de prendre leurs décisions. Il y a un tableau de bord par niveau de responsabilité. La tenue d'un tableau de bord sous-entend des données prévisionnelles et des données passées et présentes en vue de les comparer entre elles. Le tableau de bord est un document littéralement intégré au **contrôle budgétaire** et au **contrôle de gestion.**
TAUX D'AUTO-FINANCEMENT	Le taux d'autofinancement des entreprises s'exprime par le rapport entre l'épargne des sociétés et le montant des investissements effectués au cours d'une période. Plus ce taux d'autofinancement est élevé, plus l'entreprise est indépendante financièrement et moins elle a besoin de recourir au concours des intermédiaires financiers.
UNITÉ D'ŒUVRE	**Unité de mesure** d'un centre d'analyse servant, notamment, à imputer le coût du centre aux coûts des produits. Les unités d'œuvre les plus courantes sont (par exemple) des heures, des heures/machine, des mètres, des tonnes/kilomètre, des pièces étalon... Les unités d'œuvre peuvent représenter des lignes de traitement informatique, des visites aux clients, des heures de conseil ou de formation... Les unités d'œuvre permettent de mesurer et de contrôler l'activité d'une entreprise ou d'une subdivision de celle-ci (centres).

VALEUR AJOUTÉE	La valeur ajoutée au niveau d'une entreprise est la différence, au cours d'une période, entre la valeur de la production et la valeur des biens et services intermédiaires consommés par elle en provenance d'autres entreprises. La somme des valeurs ajoutées, au niveau d'une nation ou d'un groupe de nations, représente la **production intérieure brute.**

PREMIÈRE PARTIE

L'indispensable à savoir pour utiliser efficacement les ratios dans la gestion de l'entreprise

Avant de décrire et de connaître les quelques 200 ratios contenus dans ce livre, il y a lieu d'évoquer le domaine dans lequel ils trouvent leurs éléments de calcul et de donner quelques indications quant à leur exploitation.

1   Qu'est-ce qu'un ratio ?

2   À quoi servent les ratios ?

3   Quelle est la contribution des ratios aux tableaux de bord ?

4   Si certains pièges ne sont pas évités, les ratios et tableaux de bord ne servent à rien

5   Quelles sont les limites des ratios ?

6   Comment peut-on classer les ratios ?

7   Nos préconisations

1 QU'EST-CE QU'UN RATIO ?

Un ratio est un rapport entre deux éléments économiques ayant une relation de cohérence ou de corrélation.

Un ratio est composé d'un numérateur et d'un dénominateur qui n'évoluent pas toujours dans le même sens et pratiquement jamais proportionnellement. Il peut s'exprimer en pourcentage ou en relativité.

Il ne faut pas confondre un **écart** qui est une différence en valeurs absolues et un ratio qui exprime une relativité exprimée en pourcentage ou en indice.

Il ne faut pas confondre non plus dates et périodes.

Exemple :
(en milliers d'Euros, K€)

	situation au 31-12-01	évolution année 2002	situation au 31-12-02	évolution année 2003	situation au 31-12-03	évolution prévue année 2004
capitaux propres	150		165		181	
• par autofinancement		+ 10		– 2		+ 14
• par augmentation de capital		+ 5		+ 18		–
endettement	87		94		79	
• emprunts		+ 12		–		–
• remboursements		– 5		– 15		– 8

	2001	écart 2002/2001	2002	écart 2003/2002	2003	écart 2004/2003
chiffre d'affaires	624	+ 110	734	+ 79	813	–
masse salariale	175	+ 62	237	+ 75	312	–

Le premier tableau porte, en général, sur des postes de bilan.

Le deuxième tableau porte, en général, sur des postes d'exploitation.

Il ne faut pas confondre « situation à une date » et « flux d'une période ».

Un ratio met en jeu deux éléments ; un indice de progression ne porte que sur un élément.

	expression d'un ratio			
deux éléments	% taux	$\dfrac{\text{dettes} \times 100}{\text{capitaux propres}}$	$\dfrac{520 \times 100}{1\,430}$	= 36,4 %
	relativité (1 = 100 %)	$\dfrac{\text{capitaux propres}}{\text{dettes}}$	$\dfrac{1\,430}{520}$	= 2,75

			31-12-2001	31-12-2002	31-12-2003
un élément	indice de progression	évolution des dettes en valeurs absolues	520	546	603
		indices	100 indice de base	$\dfrac{546 \times 100}{520} = 105$	$\dfrac{603 \times 100}{520} = 116$

N étant une valeur à une date donnée ou au cours d'une période donnée, la formule d'un indice de progression entre deux dates ou entre deux périodes est :

$$\frac{(N + 1) - N}{N}$$

On peut suivre sur un tableau de bord des milliers de paramètres économiques, financiers, sociaux, etc.

Il y a lieu de :

- sélectionner, choisir, élaguer, supprimer,
- bien mentionner la règle du jeu,
- exiger que la méthode soit constante sur toute la période étudiée ou analysée,
- ne pas mélanger les six méthodes de calcul et de présentation du tableau ci-contre.

L'évolution d'une donnée peut se faire sous (au moins) six formes différentes. Ici, on ne prend qu'une donnée fort classique : le chiffre d'affaires.

	2001	±	2002	±	2003	±	2004
chiffre d'affaires	175	+ 10	185	+ 17	202	− 7	195
❶ en indice base 100 en 2001	100		$\frac{185}{175}$ $= 1,06$		$\frac{202}{175}$ $= 1,15$		$\frac{195}{175}$ $= 1,11$
❷ en taux de croissance (%) base 1 en 2001	1		$\frac{185 \times 100}{175}$ $= + 6\%$		$\frac{202 \times 100}{175}$ $= + 15\%$		$\frac{195 \times 100}{175}$ $= + 11\%$
❸ indice d'évolution d'une année sur l'autre		$\frac{10}{175}$ $= + 0,057$		$\frac{17}{185}$ $= + 0,092$		$\frac{-7}{202}$ $= -0,035$	
❹ écart (%) de progression par rapport à l'année précédente		$\frac{10 \times 100}{175}$ $= + 5,71\%$		$\frac{17 \times 100}{185}$ $= + 9,19\%$		$\frac{-7 \times 100}{202}$ $= -3,47\%$	
❺ indice de progression par rapport à l'année précédente		$\frac{185}{175}$ $= 1,057$		$\frac{202}{185}$ $= 1,092$		$\frac{195}{202}$ $= 0,965$	
❻ taux de progression par rapport à l'année précédente		$\frac{(185-175)100}{175}$ $= + 5,71\%$		$\frac{(202-185)100}{185}$ $= + 9,19\%$		$\frac{(195-202)100}{202}$ $= -3,47\%$	

❹ et ❻ sont identiques mais la procédure de calcul est différente.

Sur un tableau de bord, il ne faut adopter qu'une méthode par graphique ou tableau.

En face d'un taux de croissance économique, il y a lieu de tenir compte du taux d'inflation.

Une croissance de 10 % du chiffre d'affaires dans un pays où l'inflation est de 2 % réduit le taux réel de croissance à 8 % (c'est la raison pour laquelle il est souhaitable de calculer le taux de croissance en volume quitte à segmenter le chiffre d'affaires pour trouver une unité d'œuvre commune).

Il arrive fréquemment que l'évolution en valeurs absolues déclenche l'euphorie ou la déprime. Le calcul de l'évolution en indices de progression ne change rien à ces humeurs. Quand, en plus, deux paramètres progressent, c'est encore mieux et si deux paramètres s'écroulent, c'est pire.
Or les valeurs relatives – les ratios – entre deux éléments défavorables peuvent indiquer une hausse spectaculaire du ratio et donner beaucoup d'illusions.

Si les directions générales – et les médias – ne donnent que le ratio sans connaître le numérateur et le dénominateur, on peut en arriver rapidement à des informations mensongères.

Le tableau ci-dessous montre une **évolution contradictoire** entre les valeurs absolues et les ratios.

année N	*année N + 1*	*évolution N à N + 1*		
$\dfrac{3}{50} \times 100 = 6{,}00\ \%$	$\dfrac{4}{80} \times 100 = 5{,}00\ \%$	⬀ = ⬂ %	$\dfrac{\text{évolution favorable}}{\text{évolution favorable}}$	= évolution % défavorable
$\dfrac{7}{90} \times 100 = 7{,}78\ \%$	$\dfrac{6}{65} \times 100 = 9{,}23\ \%$	⬂ = ⬀ %	$\dfrac{\text{évolution défavorable}}{\text{évolution défavorable}}$	= évolution % favorable

2 À QUOI SERVENT LES RATIOS ?

2.1 Ils servent à illustrer une information

L'une des utilités les plus courantes des ratios est de s'en servir comme **illustration d'une information**. C'est le coup d'œil de synthèse permettant de visualiser en un instant une évolution ou une situation. Si le ratio porte sur la globalité de l'entreprise et qu'il est calculé tous les six mois, c'est un moyen de communication et de comparaison tant dans le cadre de l'entreprise que vis-à-vis des médias. C'est l'utilité la plus spectaculaire des ratios qui se rapproche plus de la publicité informative que de la gestion.

2.2 Ils servent à valoriser un objectif

Un ratio peut être la **valorisation d'un objectif**. La rentabilité – à condition qu'on la définisse avec précision et qu'on définisse le cadre, le contexte, la période et l'objet – peut être un objectif. Il en est de même des ratios de productivité, de rendement ou de gestion.

2.3 Ils servent à préparer les décisions

Un ratio peut être un outil de sécurité, d'alerte, une sorte de **clignotant** devant déclencher immédiatement une analyse et entraîner des décisions. Un ratio est une provocation à la réflexion et à l'analyse.

Ces ratios sont, la plupart du temps, liés au contrôle budgétaire. Ils sont calculés et publiés à des dates rapprochées, ils sont fréquents, rapides à établir et à diffuser ; le numérateur est souvent l'expression d'un écart entre la réalité et la prévision.

Par contre, les ratios paraissant une fois par an avec plusieurs mois de décalage ne sont que rarement des ratios de décisions.

2.4 Ils servent à effectuer des comparaisons

Les ratios permettent des **comparaisons soit inter-entreprises ou secteurs d'activité, soit à l'intérieur de l'entreprise :** comparaison entre les produits, les fonctions, les activités, les processus et procédés, les réseaux, les unités de gestion, etc.

À cet égard, les ratios sont des outils de gestion à utiliser et à exploiter avec une bonne dose de précautions et de prudence.

2.5 Ils servent à susciter des interrogations et préparer les diagnostics

Un ensemble de ratios ne constitue pas à eux seuls un diagnostic. Les ratios ont pour rôle de **provoquer des questions, de susciter des interrogations** ou d'**illustrer, de synthétiser une démonstration ou un raisonnement.** À cet égard, les ratios sont utiles pour établir un diagnostic, quel que soit le niveau de ce diagnostic (globalité des entreprises, secteur, unité de gestion, fonction, etc.).

De nombreux ratios illustrent des diagnostics partiels :
* **diagnostic économique** portant sur les produits et les marchés,
* **diagnostic social** portant sur les rémunérations, les types de contrats, les catégories socio-professionnelles, la formation et tous les postes du bilan social,

- **diagnostic financier** portant sur l'exploitation, les bilans, les flux de ressources et d'emplois, les flux de trésorerie, le tout lié à la conjoncture.

!

PRUDENCE

- un ratio qui montre une progression ne signifie pas que l'évolution est systématiquement favorable,
- il ne faut jamais conclure avant d'analyser l'évolution du numérateur et du dénominateur,
- un ratio – surtout pris isolément – ne provoque pas un jugement ni même une décision immédiate mais des interrogations.

L'évolution des ratios – surtout ceux qui revêtent un caractère très technique – ne peut donner lieu, la plupart du temps, à une analyse sans évoquer les multiples aspects sociaux, humains, environnementaux, historiques sinon parfois culturels ou politiques (au sens large du terme).

3   QUELLE EST LA CONTRIBUTION DES RATIOS AUX TABLEAUX DE BORD ?

3.1 Il faut se limiter au choix de ratios significatifs pour chaque tableau de bord en fonction de son utilisateur

Les ratios ont tendance à remplir des tableaux de bord, ce qui est normal puisque les rapports représentent, à la fois, des informations de synthèse et des corrélations. La plupart du temps, ils sont **trop nombreux** et provoquent des coûts disproportionnés par rapport à l'utilité qu'ils présentent.

La sélection doit se faire sur plusieurs critères :

- **niveau de responsabilité,**

- **utilité réelle,** tout particulièrement quant aux décisions à prendre,
- **fréquence optimale,**
- **spécificités de l'activité,** des produits ou des services.

De ce fait, les ratios du chef de rayon ne sont pas diffusés systématiquement au Président-Directeur Général et les ratios de conjoncture internationale ne sont pas du ressort du contremaître.

Par contre, un certain nombre de ratios peuvent parfaitement trouver leur place dans le cadre d'un journal d'entreprise ou d'un syndicat professionnel qui n'ont rien à voir avec un tableau de bord.

3.2 Les ratios de gestion budgétaire intéressent tous les responsables et doivent figurer dans tous les tableaux de bord

Les ratios liés à la gestion budgétaire – et surtout ceux liés au **contrôle budgétaire** – sont à prendre en considération dans un tableau de bord de chaque responsable. Le tableau de bord du contrôleur de gestion doit, évidemment, comporter beaucoup de ratios, le problème étant de faire une sélection rigoureuse.

3.3 C'est l'évolution des ratios qui est la plus intéressante

Les ratios d'un tableau de bord sont, la plupart du temps, beaucoup **plus utiles dans leur évolution que dans leur niveau.** L'échelle de temps est très variable ; elle peut aller de l'année (l'exercice) au quotidien. Ainsi, la rentabilité globale d'une entreprise s'exprime – souvent – par semestre tandis que certains ratios de consommation de fluides en production continue s'avèrent utiles au jour le jour.

3.4 Les ratios peuvent prendre la forme de tableaux ou de graphiques

Dans un tableau de bord – en simplifiant – deux présentations sont possibles :

- soit sous forme de **tableaux,**
- soit sous forme de **graphiques.**

La présentation des ratios dans un tableau de bord doit répondre à certains principes :

- un graphique ne peut comporter plus de trois ou **quatre courbes** ; au-delà, on ne voit plus rien ;
- les tableaux ou les graphiques doivent utiliser **des couleurs,** ce qui, avec les logiciels actuels, ne présente aucune difficulté : on peut même faire des tableaux de bord agréables à exploiter ;
- à chaque fois qu'on le peut, il est utile d'**indiquer les prévisions** à partir de la réalité actuelle ;
- à chaque saute d'humeur, cassure de courbes, chiffres dérapants, dérives, etc., il y a lieu d'en indiquer les **raisons** ou les **hypothèses** ;
- il est indispensable de bien rappeler le titre du ratio, les **règles d'établissement et de calcul** et, parfois, la définition du numérateur et du dénominateur (constitution de la marge, définition du mot « effectif », date des prévisions, contenu du terme « investissement », etc.

Important pour être efficace

POUR INTÉGRER LES RATIOS DANS LES TABLEAUX DE BORD IL FAUT :

- se limiter à des choix significatifs,
- indiquer des évolutions et des projections,
- mentionner des références (titres, méthodes de calcul),
- expliquer et visualiser les écarts.

3.5 Dans un tableau de bord, ce sont souvent les corrélations entre plusieurs ratios qui apportent des informations utiles

Dans un tableau de bord, il est souvent intéressant de démontrer les corrélations entre l'**évolution de deux ou de plusieurs ratios.**

Par exemple, les corrélations entre l'évolution de la productivité et les ratios d'investissements, certains ratios d'économie générale et les salaires dans les pays où l'on exporte ou dans ceux où l'on s'implante, l'évolution se rapportant aux salaires par catégorie ou par implantation, etc.

De ces corrélations, on peut, parfois, tirer des **conclusions chiffrées**. Dans certains pays, on s'aperçoit qu'un point du pouvoir d'achat (PIB / habitant) provoque entre 0,1 et 0,2 % de rentabilité d'exploitation en plus ; le calcul étant fait sur les 5 dernières années.

Les corrélations répondent à certains principes :

- elles sont **peu généralisables,**
- elles sont à **remettre en cause** fréquemment étant donné l'évolution fulgurante des paramètres économiques,
- elles ont en apparence un caractère **mathématique et rationnel** donnant confiance pour l'avenir proche, ce dont il faut se méfier, le **comportement irrationnel** des agents économiques risquant de tout remettre en cause,
- elles doivent être **significatives**. Ainsi, on peut démontrer que les capitaux propres d'une entreprise évoluent en fonction directe de l'évolution du CAC 40[1] sur les 10 dernières années, ce qui n'est probablement qu'un hasard et non une corrélation,
- elles doivent être constantes et **expliquées** sinon on ne peut pas « en tirer des enseignements ».

4 SI CERTAINS PIÈGES NE SONT PAS ÉVITÉS, LES RATIOS ET TABLEAUX DE BORD NE SERVENT À RIEN

4.1 Se méfier de la progression régressive

Du fait qu'un ratio met en jeu deux éléments en les rapportant l'un à l'autre, il se peut que l'évolution défavorable du numérateur et du dénominateur montre un ratio en progression favorable. La démonstration peut en être faite tout particulièrement en ce qui concerne la rentabilité sous toutes ses formes. L'inverse peut se produire : une évolution très favorable – mais de

---

1. *CAC 40 (cotation assistée en continu) : indice d'évolution basé sur la moyenne pondérée des cours de Bourse des 40 entreprises Française les plus importantes.*

pente différente – du numérateur et du dénominateur peut indiquer des ratios à évolution très défavorable ; c'est le cas, par exemple, après un changement de structure financière qui fait chuter la rentabilité des capitaux propres après une augmentation de capital qui peut s'avérer une excellente opération réussie.

Il faut donc **toujours analyser les termes isolément** : évolution, rupture brutale d'un élément par rapport à un élément à progression lente.

4.2 Attention à la malhonnêteté cachée

Un ratio peut répondre à des normes et à des procédures parfaitement régulières, être simple à établir et être compréhensible par tous tout en étant d'une malhonnêteté particulièrement perverse.

Parmi les « tricheries » les plus courantes, on peut extraire du catalogue...

- **Le changement de contenu d'un terme.**
  Par exemple, on peut très légèrement modifier le contenu de la MBA (nom officiel) ou même le contenu de la capacité d'autofinancement dont le calcul d'après le plan comptable comporte bien des subtilités.

- **Les fréquences.**
  Par exemple, on peut faire paraître un ratio soit à la fin du mois, soit parfois au début du mois en enregistrant des données soit en avance, soit en retard.

- **L'omission.**
  Par exemple, certaines années, on peut inclure dans le chiffre d'affaires des factures bien établies sinon même déjà sous enveloppe correspondant à des travaux terminés mais non réceptionnés et, au contraire, différer de quelques jours une très grosse facture en toute légalité si, par exemple, il manque une vis $\varnothing$ 3,5 sur un matériel d'une valeur de 500 K€ (ou 500 000 Euros).
  Le jeu des provisions et des reprises de provisions n'est qu'un exemple de ce qui peut fausser la vérité du résultat et des ratios.

- **Les changements.**
  Le changement progressif et partiel de système de gestion des stocks amont, les différences d'inventaire et l'alternance de rigueur et de laxisme peuvent engendrer des ratios à évolution curieuse.

- **La cohérence.** Un exemple de non-cohérence est le ratio :

$$\frac{\text{résultat}}{\text{chiffre d'affaires}}$$

qui est, cependant, utilisé, calculé, diffusé et commenté par tous les responsables et médias :

➥ le terme de résultat n'est pas défini (est-ce bien celui du compte de résultat ?),

➥ le résultat comporte-t-il une part significative ou non de résultat exceptionnel et financier n'ayant rien à voir avec le chiffre d'affaires ?

➥ les règles d'établissement du chiffre d'affaires sont-elles définies et constantes ?

D'autres ratios, historiquement classés comme essentiels, continuent à être l'objet d'une vénération quant à leur réalisme économique tel que le rapport :

$$\frac{\text{improductif}}{\text{productif}}$$

Ratio qui n'a aucun sens depuis qu'il est devenu impossible de distinguer le productif de l'improductif même reconverti en « coopérant », ou de séparer une classe bien distincte les cols blancs et les cols bleus, ce qui relève plus d'Émile Zola que d'Alain Minc ou de François de Closets.

S'il existe encore quelques accrocs à l'honnêteté interne des entreprises, il faut souligner la vigilance des organismes extérieurs à l'entreprise tels que la COB, les banques, le fisc, les commissaires aux comptes et les représentants des actionnaires qui excercent sur les grandes entreprises côtées en Bourse des contrôles de plus en plus rigoureux.

4.3 Attention au foisonnement

Si trop d'impôt tue l'impôt (belle formule), on peut affirmer que le foisonnement de ratios **n'a pour effet que de noyer le poisson**. Le foisonnement est l'un des pièges à éviter. Le développement de l'informatique a incité les entreprises à innover et à trouver de nouvelles formes de ratios sans éliminer les anciens.

Une facheuse tendance consiste à donner des poubelles entières de chiffres et de ratios en se disant que chacun y trouvera son bonheur selon ses besoins. On peut aussi engranger des volumes de ratios en se disant que ça pourra toujours servir en cas de besoin ; autant de formules et de procédés qui sont proches des fautes de management.

4.4 Attention aux dates, fréquences et durées

En principe, un ratio doit être calculé à des dates précises, à des fréquences régulières et à partir d'informations cohérentes et constantes dans des espaces de temps, de lieu et d'activité bien définis. Les pièges d'interprétation sont difficiles à détecter :

- **les fusions, les scissions, les cessions d'activités partielles, le changement de dates de clôture d'exercices, les exercices différents d'un centre à un autre à l'étranger** peuvent donner lieu à des ratios à évolutions peu compréhensibles sans une information rigoureuse,
- un inventaire tournant ou permanent dont les règles et les procédures se modifient sensiblement au fil du temps, des **sorties de stock prématurées** ou en quantités bloquées, des **changements de structure interne**, des **modifications** d'ateliers, de bureaux, de procédés ou de processus de fabrication en cours d'exercice peuvent conduire à des interprétations complètement erronées de ratios dont on n'a pas modifié les règles d'établissement ou pour lesquels les informations n'ont pas été clairement transmises.

Important pour être efficace

LA FRÉQUENCE DE PARUTION ET DE DIFFUSION DES RATIOS EST LIÉE...

- à l'utilité,
- à la possibilité d'obtenir des informations,
- au coût d'établissement, de diffusion et d'analyse,
- à l'intérêt des décisions à prendre,
- à la pertinence (rationalité),
- à la durée des cycles d'investissement, de production et de commercialisation,
- à la sécurité.

4.5 Avoir conscience que l'établissement d'un ratio a un coût non négligeable

Un ratio n'est jamais gratuit ni pour l'entreprise ni pour les médias ni pour les syndicats professionnels. Le coût des ratios a de multiples causes résumées dans le tableau ci-dessous.

Important à savoir

COÛT DES RATIOS

- recherche et collecte de l'information,
- traitement des données,
- diffusion, transmission,
- analyses et discussions (temps passé, etc. !).

Le développement et la généralisation de l'informatique ont déplacé les coûts des ratios sans pour autant en diminuer le coût total.

Le coût d'exploitation est devenu élevé par suite d'un foisonnement invraisemblable de ratios tandis que le coût de calcul et de diffusion n'a cessé de décroître grâce à la multiplication des réseaux de données d'informations.

Il existe des tableaux de bord de syndicats professionnels qui sont de véritables catalogues mensuels de plusieurs centaines de ratios dont l'exploitation pourrait occuper plusieurs personnes à temps plein dans les entreprises.

Une sélection des ratios nécessaires et suffisants s'impose.

De plus, une pléthore de ratios peut conduire à des contradictions ou à des erreurs d'interprétation quand la quantité privilégie la qualité des commentaires ou la précision des définitions.

Important pour être efficace

LES QUALITÉS À PROMOUVOIR, LES DÉFAUTS À ÉVITER

Les ratios doivent être		Il faut éviter	
❶	significatifs	❺	le foisonnement
❷	compréhensibles	❻	la discontinuité
❸	honnêtes	❼	l'absence ou insuffisance de définition des termes
❹	cohérents	❽	la diffusion anarchique

❶ Il y a des ratios qui n'ont aucun sens comme ceux se rapportant, par exemple, au capital social.

➡ *Exemple de ratio significatif :*

$$\frac{\text{résultat opérationnel}}{\text{chiffre d'affaires HT}}$$

❷ Le type de ratio incompréhensible est celui qui rapporte deux éléments économiques intéressants en tant que tels mais n'ayant aucune corrélation comme, par exemple,

$$\frac{\text{écart sur le temps}}{\text{capacité d'autofinancement}}$$

surtout si ce ratio est multiplié et pondéré avec un autre ratio significatif.

➡ *Exemple de ratio compréhensible :*

$$\frac{\text{chiffre d'affaires}}{\text{effectif}}$$

(la notion d'effectif et la méthode de calcul étant connues ou mentionnées)

❸ La pire des malhonnêtetés est de diffuser un ratio fort intéressant comme

$$\frac{\text{MBA}^1}{\text{valeur ajoutée}}$$

quand on modifie le contenu de la marge d'autofinancement (qui n'est pas définie officiellement par le plan comptable) et que la valeur ajoutée se trouve modifiée depuis deux ou trois ans par appel de plus en plus important à des sociétés d'intérim dont les factures s'évadent de la valeur ajoutée.

---

1. *Marge Brute d'Autofinancement.*

➡ *Exemple de ratio honnête :*

$$\frac{\text{dividendes}}{\text{résultat}} \quad \text{ou} \quad \frac{\text{dividendes mis en distribution}}{\text{capitaux propres en fin d'exercice}}$$

calculé de la même façon avec les mêmes définitions depuis 10 ans.

❹ La cohérence consiste à ne pas donner beaucoup de ratios parfaitement justes et corrects mais pouvant donner lieu à toutes les interprétations. C'est le cas, en particulier, de la publication simultanée de 15 ratios de rentabilité et d'autant de ratios de productivité globale. Par contre, un seul ratio peut être intéressant pour suivre une évolution.

➡ *Exemple de ratio cohérent (corrélation possible à expliquer) :*

$$\frac{\text{délai de récupération des créances commerciales}}{\text{crédits accordés aux clients}}$$

❺ Le foisonnement consiste à donner tellement d'informations que l'on renonce à comprendre.

❻ La discontinuité consiste à calculer la rentabilité d'exploitation en changeant les paramètres (numérateur et dénominateur) tout en continuant une courbe ou une suite de données.

❼ La définition des termes est rarement indiquée : par exemple, comment est mesuré l'effectif – surtout avec la rotation du personnel, les temps partiels, le chômage technique, les CDD et les CDI, l'intérim, etc. ?[1]

❽ La diffusion anarchique consiste à cacher l'essentiel et à donner tellement de ratios que personne ne peut penser à une rétention d'information ! De plus, une telle diffusion est complètement aléatoire sans aucune régularité temporelle.

Les qualités et les défauts des ratios dépendent de l'**intérêt** des destinataires, de leurs **besoins** et de leur **niveau de responsabilité**... ou de compréhension. Un technicien particulièrement pointu ne comprenant pas grand-chose à la gestion trouvera non significatif, incompréhensible et malhonnête un ratio qu'il ne comprendra pas. Par contre, un syndicaliste boulimique d'informations appréciera les 158 ratios mensuels diffusés par la direction car il y trouvera certainement de quoi justifier ses revendications. Enfin, il y a les malheureux gestionnaires qui vont s'acharner sur le résultat du ratio sans même avoir le temps de regarder l'évolution du numérateur et du dénominateur.

---

1. *CDD, CDI, voir liste des sigles page 6.*

5 QUELLES SONT LES LIMITES DES RATIOS ?

5.1 Se méfier des évidences qui mènent à des interprétations erronées

Les ratios sont utiles dans un univers **bien défini** sinon ils risquent de donner lieu à des interprétations erronées. Il faut se méfier des évidences.

Exemples

Plusieurs exemples peuvent illustrer ces propos.

Le ratio $\dfrac{\text{résultat opérationnel}}{\text{chiffre d'affaires}}$

indique la rentabilité commerciale ou profitabilité.

Il permet d'établir des comparaisons d'une entreprise à l'autre à condition de le situer dans des contextes particuliers liés au métier, à la région, à la conjoncture, etc. mais les termes étant définis par le plan comptable (la loi) et la fiscalité (notion de résultat), la cohérence est assurée.

En revanche, dans un univers différent, en particulier au niveau international ou géographique (même communautaire), ce ratio n'a pas du tout la même signification car le résultat opérationnel est différent (ou n'est pas calculé). La définition précise du chiffre d'affaires n'est pas toujours identique et les législations du travail, fiscales, bancaires et comptables font que la rentabilité à ce niveau n'a pas la même signification.

Même dans l'univers national, ce ratio peut avoir des significations fort différentes, les éléments n'étant pas identiques : le chiffre d'affaires d'une banque ne ressemble pas à celui d'une entreprise industrielle et le résultat opérationnel d'une association n'est pas comparable à celui d'une compagnie d'assurances.

Par ailleurs, le contrôle budgétaire d'une entreprise industrielle étant fort différent d'une entreprise à une autre, un ratio identique comme

$$\frac{\text{écart de main-d'œuvre}}{\text{main-d'œuvre prévue}}$$

(quelle que soit l'unité d'œuvre exprimée en heures ou en temps) n'aura pas du tout la même signification dans un atelier mécanique et dans un cabinet d'avocats.

5.2 Les ratios s'interprètent différemment selon la taille et le secteur de l'entreprise

L'interprétation des ratios identiques dans leur définition, dans leur fréquence de calcul, leur quantité et leur diffusion sera bien différente entre la grosse entreprise multinationale et la PME, entre l'hypermarché aux multiples marques et l'artisan plombier.

En particulier, il y a lieu de **se méfier des ratios diffusés en quantités pléthoriques** par des syndicats professionnels qui diffusent des batteries de ratios sans tenir compte d'un certain nombre de paramètres dans un même secteur d'activité, tels que :

- **l'importance de l'entreprise** (effectif, chiffre d'affaires, surfaces, etc.),
- **les sources de financement** accessibles (marché obligataire ou banquier de la place du marché),
- **le métier de base** unique ou multimétiers,
- **les procédés de fabrication** (la PME un peu artisanale et la grosse industrie robotisée),
- **les marchés** différents (ou sous-marchés multiples),
- et quantités d'autres paramètres.

5.3 Les ratios doivent être analysés en fonction de leur environnement

Un ratio ne peut être analysé hors de son environnement. Dans le cadre d'une entreprise, il est souhaitable de connaître les habitudes (bonnes ou mauvaises), le climat social, l'histoire et la culture, les traditions (plus ou moins justifiées ou farfelues). Ce sont des facteurs de compréhension de l'évolution ou du niveau de certains ratios, en particulier de ceux qui sont relatifs à la gestion budgétaire et au contrôle de gestion.

En ce qui concerne les ratios globaux de l'entreprise, les ratios de rentabilité, de productivité, de financement et de gestion ne peuvent être interprétés dans leur évolution qu'en connaissant l'**environnement social, économique, politique, démographique, culturel et géographique**. L'évolution identique d'un même ratio donnant les mêmes chiffres ne donne pas lieu aux mêmes analyses et conclusions quand le PIB par habitant est de 500 dollars ou de 5 000 dollars.

Un ratio bien défini indiquant des chiffres identiques dans une évolution similaire n'a pas toujours la même signification. Il y a lieu de tenir compte :

- d'autres paramètres,
- de la typologie de l'entreprise (importance, secteur d'activité, marché, etc.),
- des multiples environnements (économique, social, culturel, politique, conjoncturel).

6 COMMENT PEUT-ON CLASSER LES RATIOS ?

Les ratios d'entreprises peuvent être classés en six catégories encore que ce classement soit quelque peu arbitraire :

- **rentabilité** économique et financière (et profitabilité),
- **productivité** globale et rendements,
- **structure financière** à partir du bilan,
- **exploitation globale** à partir d'éléments du compte de résultat,
- **gestions** tels que :
  - les ratios de gestion financière,
  - les ratios de stocks exprimés en rotation ou en temps d'écoulement,
  - les ratios de crédit client et crédit fournisseur,
- **fiscalité** dont les éléments de référence sont les taxes et les impôts sous leurs formes aussi diverses que multiples.

Une autre classification consiste à regrouper les ratios en trois catégories :

- ceux que l'on peut considérer comme « **universels** » tels que les ratios de rentabilité, de productivité, de structure financière et d'exploitation générale ou de sécurité,
- ceux qui sont **liés à un secteur d'activité** tels que les banques, les transports, la grande distribution, le BTP, le textile, etc.,
- ceux qui sont **spécifiques à une entreprise** qui se rapportent souvent à des ratios de rendement par suite de l'utilisation d'unités d'œuvre liées à un métier.

Les premiers permettent des comparaisons inter-entreprises et même internationales tout en nécessitant une sélection pour éliminer des particularités entre les secteurs d'activité.

Les seconds permettent des comparaisons à l'intérieur d'un même secteur d'activité dans lequel les définitions sont identiques.

Quant aux troisièmes, ils permettent surtout de mesurer des évolutions et sont souvent des facteurs de décision.

Une autre méthode de classification des ratios peut être présentée suivant le tableau ci-dessous. Il s'agit, ici, d'une présentation très simplifiée.

Cette classification peut être utilisée comme grille de diffusion d'éléments partiels de tableaux de bord.

Tableau simplifié des types de ratios en fonction de l'utilisateur

	information	pilotage	analyse, réflexion, stratégie
responsables fonctionnels contrôleurs de gestion responsables budgétaires	10 ratios (au plus) sur la vie de l'entreprise	ratios portant sur : • les écarts • les rendements • la productivité	ratios spécifiques à une fonction (finances, production, commercial, etc.)
managers directions générales (long terme)	ratios « des autres » entreprises, centrales de bilan, ratios des syndicats professionnels	rentabilité par DAS[1] et globale, productivité globale	ratios : • commerciaux • étude, recherche • conjoncture • 10 ratios internes
médias banques actionnaires	ratios de structure, rentabilité		ratios de financement

1. DAS : domaine d'activité stratégique (voir définition page 14).

Cas n° 1 :   KS GARTEN

KS GARTEN est une entreprise régionale allemande crée en 1950 par Karl SCHULER.
Elle est spécialisée dans la production de petit outillage de jardinage. Elle a pour
clients essentiellement des jardineries et quelques grandes surfaces.
L'effectif de cette société est de 750 personnes, assez stable entre 1999 et 2001.
Les comptes de résultat et les bilans simplifiés des années 1999, 2000 et 2001 sont
indiqués ci-dessous en milliers d'Euros.

En utilisant au maximum six indices, le président actuel Hans SCHULER veut montrer
à ses actionnaires l'essentiel de l'évolution économique et financiere. Quels indices
peut-on lui conseiller ?

En milliers d'Euros

COMPTES DE RÉSULTAT

CHARGES   PRODUITS

	1999	*2000*	*2001*		*1999*	*2000*	*2001*
• consommation matières et prestations de services	35 193	41 708	49 676	• chiffre d'affaires HT Europe (CE)	55 613	64 986	66 555
• personnel	26 515	27 954	25 312				
• charges diverses	2 431	2 540	2 197	• chiffre d'affaires HT hors Europe	40 327	62 481	61 477
• dotation aux amortissements	20 127	19 732	18 782				
• impôts	3 843	8 899	10 988				
RÉSULTAT	7 831	26 634	21 077				
	95 940	**127 467**	**128 032**		**95 940**	**127 467**	**128 032**

BILANS

ACTIF   PASSIF

	31.12. 1999	*31.12. 2000*	*31.12. 2001*		*31.12. 1999*	*31.12. 2000*	*31.12. 2001*
• immobilisations nettes	148 730	142 375	138 115	• capitaux propres	100 520	102 624	105 082
• stocks	36 362	38 384	37 548	• dettes à long et moyen terme	72 320	65 271	52 757
• créances sur clients	1 020	1 530	1 448	• dettes aux fournisseurs	11 653	13 125	11 841
• disponibilité	127	320	84	autres dettes à court terme	1 746	1 589	7 515
	186 239	**182 609**	**177 195**		**186 239**	**182 609**	**177 195**

* Les solutions sont en annexes, page 218

Tableau des types de ratios en fonction des utilisateurs

types de ratios	utilisation globale au niveau de l'entreprise ratios peu nombreux, utiles pour l'information et le contrôle de la stratégie	utilisation « décentralisée » par responsable, par secteur, par activité, etc. choix très sélectifs parmi des milliers de ratios possibles, ratios d'objectifs, de clignotants et de décisions
rentabilité	direction générale • rentabilité financière • rentabilité commerciale	centres de rentabilité unités décentralisées choix d'investissements
productivité	direction générale productivité globale	tous centres de rentabilité et de responsabilité ratios de rendement
structure financière	directions financière et générale	peu significatifs (en général)
exploitation	éventuellement, en ratios de synthèse (information)	tous responsables d'unités
gestion	contrôle de gestion et directions fonctionnelles	tous responsables d'unités • tous les ratios à partir d'écarts et d'objectifs (gestion budgétaire)

L'essentiel...

Quatre points principaux sont à retenir de ce premier chapitre quel ques soient les objectifs personnels poursuivis :
– Bien assimiler les différences entre les mots rapport, ratios, indice.
– Prendre conscience de ses besoins :
  • être informé,
  • contrôler des objectifs et des évolutions,
  • décisions à prendre,
  • comparer,
  • faire des synthèses et des diagnostics.
– Faire attention aux pièges, aux manipulations et aux informations ambiguës.
– Prendre conscience qu'un ratio a un coût – parfois exhorbitant – quant à la recherche d'information et à l'exploitation du résultat.

Deuxième partie

Quels ratios utiliser pour un diagnostic au niveau global de l'entreprise ?

Cette partie comprend :
- *l'analyse des concepts de rentabilité et de productivité utiles – voire indispensables – à tous ceux qui s'intéressent de près ou de loin à l'entreprise ;*
- *l'analyse d'une série de ratios internes à l'entreprise (au sens large du terme), ratios exploitables essentiellement – mais pas exclusivement – par les cadres et dirigeants fonctionnels.*

1   Les ratios de rentabilité et de productivité témoignent de la santé et de la vitalité de l'entreprise

2   Rentabilité et productivité sont relativement indépendantes

3   Comment analyser la structure financière de l'entreprise ?

4   Les ratios d'exploitation permettent de mesurer l'activité et son évolution

5   Les ratios de gestion pour le pilotage de l'entreprise

6   Une bonne gestion de la fiscalité est un impératif

7   La méthode des scores a surtout un intérêt théorique

1 LES RATIOS DE RENTABILITÉ ET DE PRODUCTIVITÉ SONT LES DEUX ÉLÉMENTS FONDAMENTAUX QUI TÉMOIGNENT DE LA SANTÉ ET DE LA VITALITÉ DE L'ENTREPRISE

La rentabilité s'exprime par un rapport dont le numérateur est une forme de résultat et le dénominateur, une forme d'activité ou une forme de moyens mis en œuvre pour obtenir le résultat.

Les tableaux des pages 56 et 57 montrent **les quatre principales formes de rentabilité**. Les tableaux des pages 58 et 59 donnent une liste des principales formes de résultats, d'activités et de moyens limitées à l'essentiel.

Il s'ensuit que l'on peut calculer des milliers de ratios de rentabilité, ce qui n'a rien de bien compliqué lorsque toute la comptabilité est informatisée mais ce qui risque de remplir les bureaux d'états de sorties au kilomètre, donc parfaitement inexploitables[1].

Un certain nombre de ratios, corrects quant à la forme, sont sans la moindre signification comme, par exemple, capacité d'autofinancement / capital (social).

On ne mentionnera par la suite que les ratios les plus usuels en apportant de courtes analyses sur chacun.

La productivité s'exprime par un rapport dont le numérateur est une forme d'activité et le dénominateur une forme de moyens nécessaires pour réaliser l'activité. Il s'agit de la rentabilité globale calculée à partir de paramètres valorisés en unités monétaires.

Une forme de productivité consiste à établir un rapport entre une activité et une unité d'œuvre. Les paramètres sont des unités physiques et / ou mesurables. Cette forme de productivité est appelée, la plupart du temps, **rendement**. Il faut souligner que **la productivité ne met pas en œuvre la notion de résultat**.

Le rendement est la productivité d'une unité (de moyens).

---

1. *Quand ces foisonnements de ratios sont « dans l'ordinateur », on peut couper le courant, ce qui est plus pratique que de remplir des poubelles.*

Les deux concepts de rentabilité et de productivité sont indépendants, tout au moins dans le court terme. De plus, **la productivité n'a de sens que dans son évolution** et – un peu – par comparaison avec les autres entreprises du même secteur (à préciser !) et d'importance similaire.

Ce schéma montre où se lisent les facteurs de rentabilité et de productivité globale.

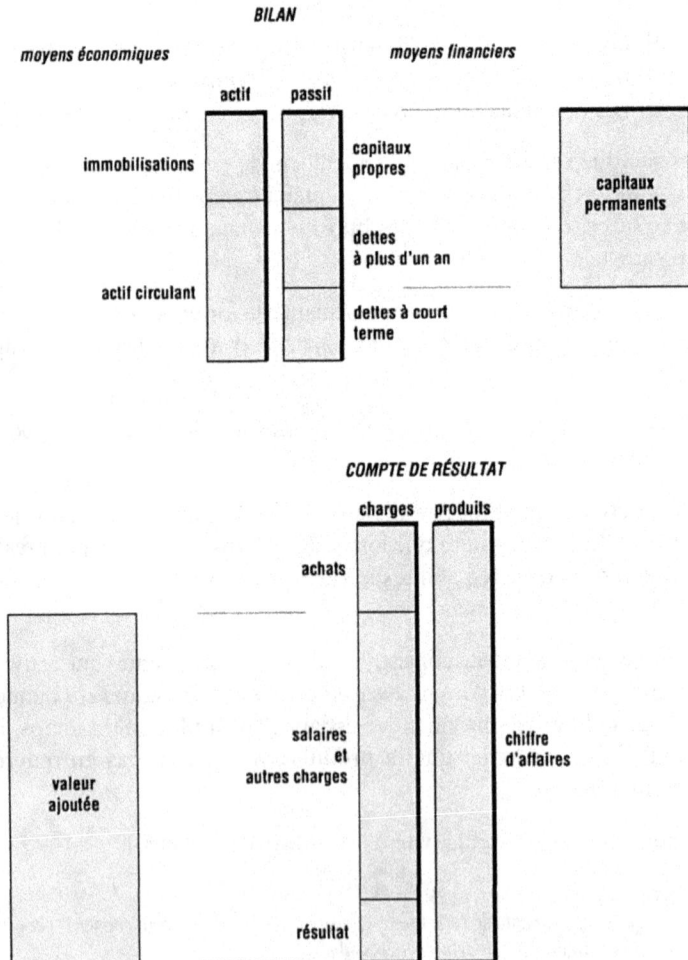

BILAN

moyens économiques   *moyens financiers*

actif   passif

immobilisations

capitaux propres

capitaux permanents

dettes à plus d'un an

actif circulant

dettes à court terme

COMPTE DE RÉSULTAT

charges   produits

achats

valeur ajoutée

salaires et autres charges

chiffre d'affaires

résultat

Quels ratios utiliser pour un diagnostic

Certaines formes de rentabilité et de productivité peuvent être calculées au niveau des centres qui ont leur propre bilan et compte de résultat (centre de rentabilité).

Les termes cités ne sont que des exemples (les plus usuels).

A	forme d'activité	**Mf**	moyens financiers *(passif ou postes de passif)*
CA	chiffre d'affaires	**P**	production ou forme de production
M	moyens	**R**	résultat ou forme de résultat
Me	moyens économiques *(actif ou postes d'actif)*	**UO**	unité d'œuvre

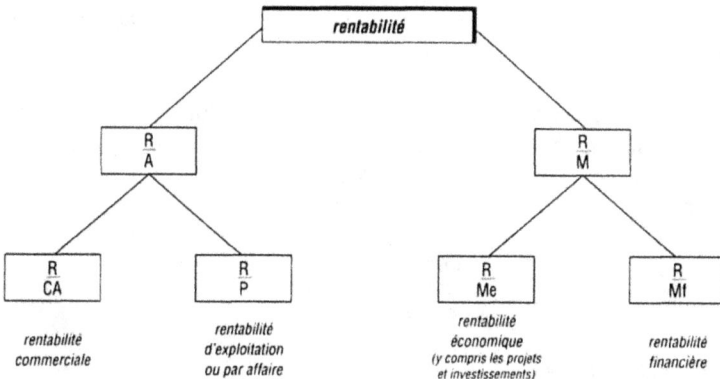

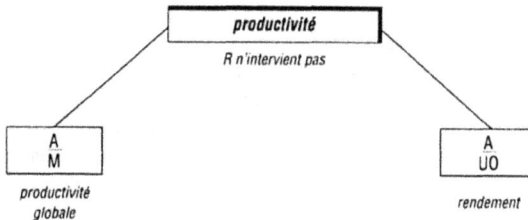

rentabilité

$\dfrac{R}{A}$

$\dfrac{R}{M}$

$\dfrac{R}{CA}$ — rentabilité commerciale

$\dfrac{R}{P}$ — rentabilité d'exploitation ou par affaire

$\dfrac{R}{Me}$ — rentabilité économique *(y compris les projets et investissements)*

$\dfrac{R}{Mf}$ — rentabilité financière

productivité

R n'intervient pas

$\dfrac{A}{M}$ — productivité globale

$\dfrac{A}{UO}$ — rendement

Les formes de résultat ou de marges « R »

marge brute ou marge commerciale[3]
marge sur coût direct[3]
marge sur coût variable[3]
résultat du compte de résultat
    (appelé, aussi, résultat net)[1]
résultat avant impôt[1]
résultat avant impôt et participation[1]
résultat exceptionnel[1]
résultat courant[1]
résultat financier[1]

résultat opérationnel[1]
excédent brut d'exploitation (ou insuffisance)[1]
capacité d'autofinancement[2]
autofinancement[2]
résultat conservé par l'entreprise[2]
performance globale[1]
produit net bancaire
    (terme spécifique aux banques)[1]
dividendes ou résultats distribués[2]
dividendes + avoir fiscal[2]

Ce tableau ne mentionne pas la marge brute d'autofinancement (MBA) dont la définition n'a pas été reprise par le plan comptable et qui signifie, en fait, capacité d'autofinancement.

Le terme de cash-flow n'est pas mentionné car il traduit, souvent, une mauvaise traduction d'un terme américain. En français, il s'agirait plutôt du flux net de trésorerie d'exploitation qui n'est pas une forme de résultat.

Les activités « A »

chiffre d'affaires[4]
production globale en coût de revient[3]
valeur ajoutée[4]
les fonctions[3]
• commerciales
• recherches
• communication
• techniques
• sièges sociaux
• etc.

---

1. À calculer à partir du compte de résultat.
2. À calculer à partir des informations financières.
3. À calculer à partir de la comptabilité analytique.
4. À calculer à partir du compte de résultat et du bilan (et de « l'Annexe »).
    « L'Annexe » est un ensemble de documents et d'informations recommandés par le Plan Comptable qui sont diffusés avec les rapports et compte-rendus périodiques. Le Plan Comptable, dans sa version officielle, mentionne l'« Annexe » avec un A majuscule.

Les moyens « M » à prendre en considération dans les calculs de rentabilité et de productivité globale	moyens économique (actif) [1] moyens financiers (passif) [1] capitaux propres [1] capitaux permanents [1] dettes à plus d'un an [1] investissements [2] immobilisations brutes [1] immobilisations nettes [1] actif circulant [1]

1.1 Comment calculer et exprimer la rentabilité ?

La rentabilité s'exprime, d'une façon générale, par un rapport dont le numérateur est toujours une forme de résultat ou de performance et le dénominateur, des moyens ou des activités. Elle est toujours exprimée à partir de données en unités monétaires. À cet égard, l'introduction de l'Euro facilite les comparaisons des performances des entreprises dans l'union monétaire européenne.

Le tableau ci-dessous indique les principales catégories de formes de rentabilité.

forme de rentabilité	ratio	utilité	responsabilité	niveau de calculs
exploitation [3]	résultat activité	• définition d'objectifs • contrôle de gestion	responsables de tous centres de profit et de rentabilité (unités décentralisées)	• par centre • par activité • par unité • par secteur • etc.
financière	résultat moyens financiers (passif)	• choix et contrôles des financements	directions financières	l'entreprise dans sa globalité
économique	résultat moyens économiques (actif)	• choix et sélection de projets et d'investissements • contrôle	responsables des investissements	• par centre d'investissements • par unité décentralisée • par projet

---

1. À calculer à partir du compte de résultat et du bilan (et de l'« Annexe »).
2. À calculer à partir de l'annexe et le tableau de financement.
3. Ces ratios sont appelés parfois « profitabilité ».

rentabilité d'exploitation[1] (ou commerciale)	par activité, produit, secteur, etc.
rentabilité financière	niveau entreprises et filiales
rentabilité économique	par unité décentralisée, par projet et par activité

Ce schéma montre 5 niveaux de résultats souvent pris en compte dans les calculs de rentabilité.

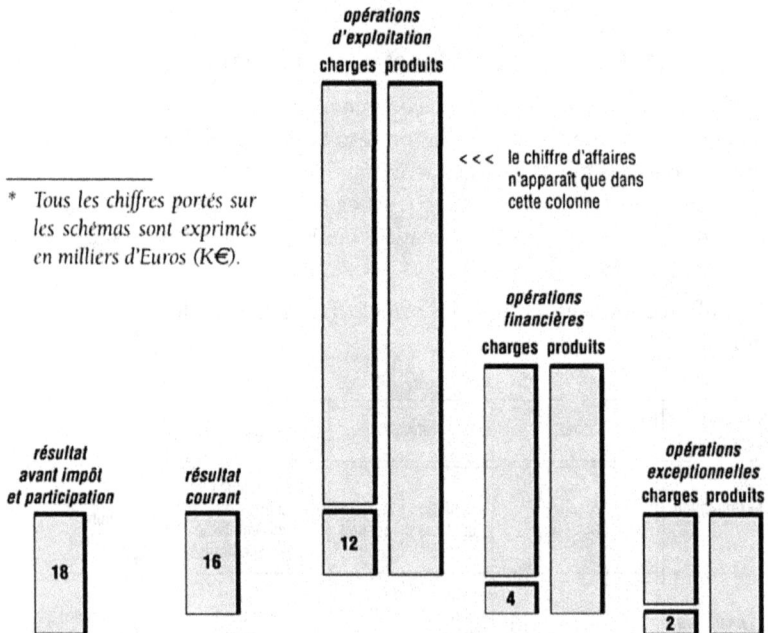

opérations
d'exploitation

charges produits

< < < le chiffre d'affaires
n'apparaît que dans
cette colonne

* Tous les chiffres portés sur
les schémas sont exprimés
en milliers d'Euros (K€).

opérations
financières

charges produits

résultat
avant impôt
et participation

résultat
courant

opérations
exceptionnelles

charges produits

18

16

12

4

2

Important pour être efficace

Comme ce schéma le montre, le résultat le plus rationnel à prendre pour calculer la rentabilité du chiffre d'affaires (ou profitabilité) est le résultat d'exploitation (ou résultat opérationnel) et non le résultat global.

1. Ces ratios sont appelés parfois « profitabilité ».

Les soldes intermédiaires de gestion représentent des formes de résultat ou de performance. Ce sont des facteurs de rentabilité. Ils sont portés au numérateur des rapports.

Les chiffres ne sont que de exemples très théoriques n'ayant d'autre utilité que de faciliter la compréhension des termes.

* *Tous les chiffres sont exprimés en milliers d'Euros (K€).*

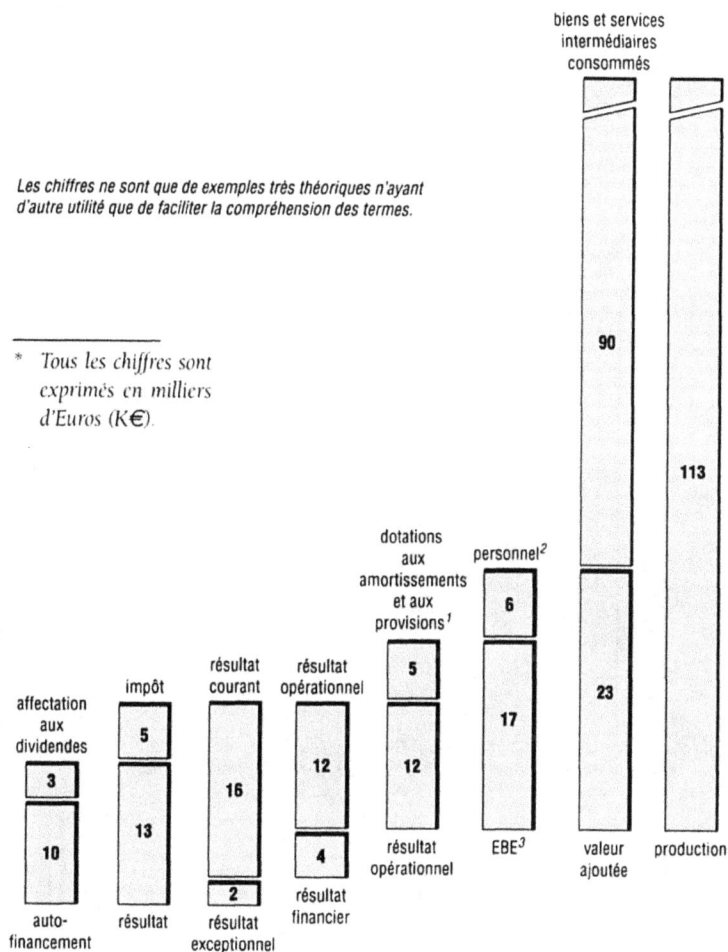

biens et services
intermédiaires
consommés

dotations
aux
amortissements
et aux
provisions[1]

personnel[2]

EBE[3]

affectation
aux
dividendes

impôt

résultat
courant

résultat
opérationnel

résultat
opérationnel

valeur
ajoutée

production

auto-
financement

résultat

résultat
exceptionnel

résultat
financier

90

113

6

5

23

17

3

5

16

12

12

10

13

4

2

1. *Moins les reprises de provisions.*
2. *Et autres charges d'exploitation.*
3. *Excédent ou insuffisance brut d'exploitation.*

Les ratios

Ce schéma montre la composition des différentes formes de résultat pris en compte dans les ratios de rentabilité au niveau global des entreprises.

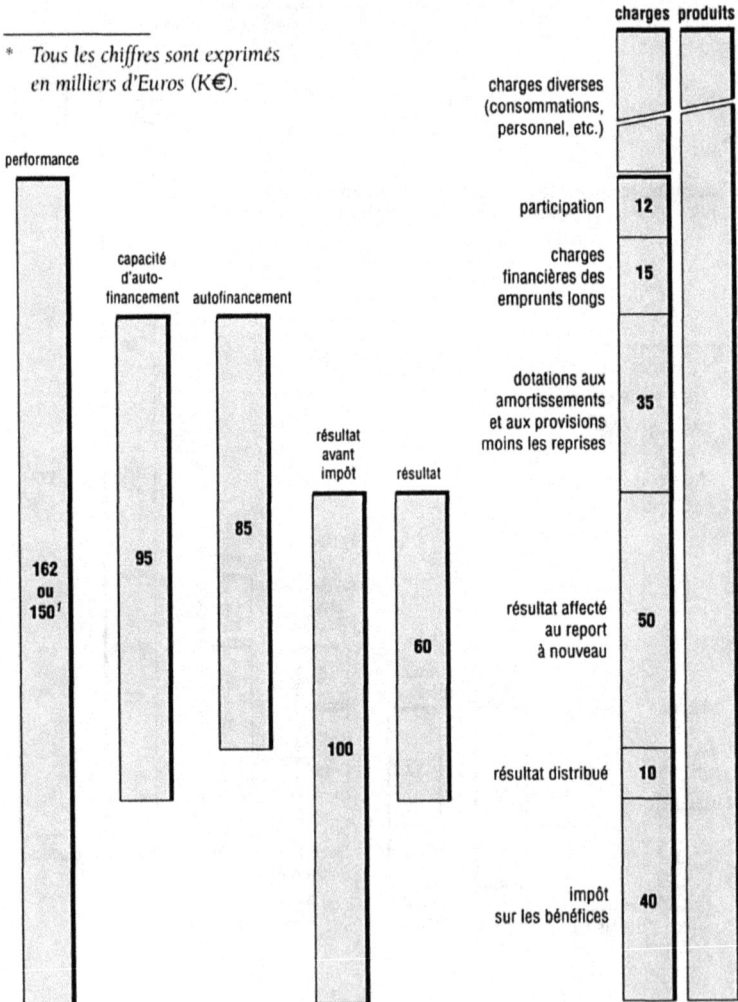

1. *150 si la participation fait l'objet d'un placement hors entreprise, 162 si les sommes déga-gées par la participation restent dans l'entreprise.*

Cas n° 2 :   CUISINOX

CUISINOX est une entreprise italienne de la région de Milan spécialisée dans la réalisation de cuisines complexes de haute qualité destinées aux collectivités et grands restaurants.
Son marché est essentiellement européen.
Les installations réalisées répondent aux normes techniques les plus modernes et sont réputées chères. L'entreprise livre les cuisines entièrement installées, « prêtes à l'emploi », y compris la formation du personnel à l'utilisation rationnelle des installations.
L'effectif quasi constant est de 400 personnes dont plus de la moitié est sur des chantiers (environ 200 cuisines installées par an).

La direction financière a besoin de votre aide pour commenter l'évolution de la rentabilité et de la productivité globale sur les trois années 1999, 2000 et 2001.

En milliers d'euros (K€)

ÉLÉMENTS D'EXPLOITATION

	1999	2000	2001
• chiffre d'affaires (hors TVA)	91 753	92 620	98 052
• résultat avant impôts et amortissements [1]	12 033	12 138	12 407
• résultat (solde du compte de résultat) [2]	2 021	2 115	2 203

ÉLÉMENTS DE BILAN

	31.12. 1999	31.12. 2000	31.12. 2001
• capitaux propres	57 200	57 200	57 850
• dettes à long et moyen terme	15 327	18 457	25 630

* Les solutions sont en annexes, page 222

---

1. *Ou excédent brut d'exploitation.*
2. *Il n'y a pratiquement aucune charges ni produits exceptionnels.*

1.1.1   Quels ratios de rentabilité financière choisir ?

Ces ratios s'expriment sous la forme :

$$\frac{\text{résultat} \times 100}{\text{moyens financiers}}$$

Ils mettent en jeu une forme de résultat au numérateur et des regroupements de postes de passif du bilan au dénominateur. Ils sont exprimés en pourcentage.

Les postes de passif peuvent être **regroupés par ordre d'exigibilité** en séparant – éventuellement – les dettes réelles (décaissements certains) à court terme, les « fausses dettes » telles que les comptes de régularisation et en séparant également les dettes par catégories à long terme et à moyen terme vis-à-vis des banques et des autres prêteurs.

Les **comptes courants** doivent être classés soit dans les capitaux propres, soit dans les dettes à court terme en fonction des particularités propres à chaque entreprise et de la position des actionnaires (ou simples propriétaires) vis-à-vis de ces comptes courants.

Suivant leur degré d'exigibilité prévisible, les provisions devraient être classées soit dans les capitaux permanents, sinon même dans les capitaux propres, soit dans les dettes à court terme pour les provisions pour risques réels et prochains (ancien terme qui était particulièrement utile).

La plupart des ratios de ce type sont utilisés pour l'**information financière** soit par l'entreprise, soit par les médias. Ces ratios font partie des facteurs de décision de la part des banquiers en face de demandes d'emprunts ou de crédits. Ils sont utilisés par les directions en synthèse pour étayer un rapport ou une communication tant au personnel qu'aux actionnaires. Ils peuvent mettre en compétition les différents centres de rentabilité ou les filiales d'un groupe.

LES MÉTHODES DE CALCULS DES RATIOS
DE RENTABILITÉ FINANCIÈRE

À partir de ce schéma particulièrement réduit à l'essentiel, on peut calculer la rentabilité des capitaux propres suivant trois méthodes. Elles présentent toutes une vérité objective, une sincérité évidente et procèdent d'une logique rationnelle.

Que choisir ? À la limite, qu'importe pourvu que l'on mentionne la règle du jeu et qu'on ne change pas de méthode sur un même graphique.

Ce schéma « de réflexion » et de prudence est valable quel que soit le type de rentabilité financière pris en considération.

BILAN AVANT AFFECTATION DES RÉSULTATS

31.12.2000
actif   passif

| 100 | capitaux propres |
| 10 | résultat |

capitaux propres
au 31 Décembre 1999 :
90

31.12.2001
actif   passif

| 150 | capitaux propres |
| 8 | résultat |

31.12.2002
actif   passif

| 180 | capitaux propres |
| 14 | résultat |

---

* Tous les chiffres sont présentés en milliers d'Euros (K€).

	31 décembre 2000	31 décembre 2001	31 décembre 2002
1ʳᵉ méthode c'est facile à faire	$\dfrac{10 \times 100}{100} = 10,0\%$	$\dfrac{8 \times 100}{150} = 5,3\%$	$\dfrac{14 \times 100}{180} = 7,8\%$
2ᵉ méthode c'est avec les capitaux propres du début de l'exercice que l'on a fait le résultat	$\dfrac{10 \times 100}{90} = 11,1\%$	$\dfrac{8 \times 100}{100} = 8,0\%$	$\dfrac{14 \times 100}{150} = 9,3\%$
3ᵉ méthode c'est la moins mauvaise, c'est une apparence de vérité mais c'est difficile à calculer	$\dfrac{10 \times 100}{(90 + 100)/2} = 10,5\%$	$\dfrac{8 \times 100}{(100 + 150)/2} = 6,4\%$	$\dfrac{14 \times 100}{(150 + 180)/2} = 8,5\%$

3 logiques, 3 modes de calcul, 3 progressions différentes

1 $\dfrac{\text{résultat} \times 100}{\text{capitaux propres}}$

2 * $\dfrac{\text{autofinancement} \times 100}{\text{capitaux propres}}$

3 $\dfrac{\text{capacité d'autofinancement} \times 100}{\text{capitaux permanents}}$

4 $\dfrac{\text{performance économique}^1 \times 100}{\text{capitaux permanents}}$

Nos commentaires

Le ratio **1** $\dfrac{\text{résultat} \times 100}{\text{capitaux propres}}$

est fort classique et relativement cohérent. Il est simple à établir encore qu'il faille déterminer la **date de saisie des capitaux propres**.

---

*   *Ratio indispensable à connaître.*

1. *Performance économique = capacité d'autofinancement + impôts sur les bénéfices + charges financières des emprunts à plus d'un an.*

Le ratio **2** $\dfrac{\text{autofinancement} \times 100}{\text{capitaux propres}}$

est beaucoup plus cohérent que le premier puisqu'il mesure la **capacité de l'entreprise à se développer par elle-même** après avoir affecté les dividendes.

Un ratio plus subtil consiste à prendre les éléments suivants :

$$\dfrac{\text{affectation aux réserves et au report à nouveau (ou résultat non distribué)}}{\text{moyenne des capitaux propres de l'exercice}}$$

qui mesure mieux la capacité « d'**autofinancement d'enrichissement** »

Le ratio **3** $\dfrac{\text{capacité d'autofinancement} \times 100}{\text{capitaux permanents}}$

est cohérent et mesure la rentabilité de tous les capitaux financiers à plus d'un an. Il est utile pour **comparer des entreprises du même secteur d'activité.**

Dans le ratio **4** $\dfrac{\text{performance économique} \times 100}{\text{capitaux permanents}}$

le résultat pris en considération élimine l'incidence de la fiscalité (impôts sur les bénéfices) de la politique de distribution des dividendes, des taux et des pratiques bancaires, de la politique vis-à-vis des obligataires.

De ce fait, dans la mesure où ce ratio serait très bien défini, il serait certainement **le meilleur pour établir des comparaisons** entre les entreprises de tous types et de toutes nations.

1.1.2 Quels ratios de rentabilité économique choisir ?

Les ratios de rentabilité économique s'expriment sous la forme :

$$\dfrac{\text{résultat} \times 100}{\text{moyens économiques}}$$

les moyens économiques étant l'actif ou le regroupement de certains postes d'actif.

À cet égard, les ratios liés aux immobilisations[1] en font partie. La rentabilité des projets est également une forme de rentabilité économique prévisionnelle[2].

Les ratios de rentabilité économique sont innombrables et dépendent des regroupements des **postes d'actif reclassés et, éventuellement, réévalués.** De plus, ces ratios sont « décentralisables » dans la mesure où certains centres ont la responsabilité de la gestion de leurs moyens.

On évoque, à propos de la rentabilité économique, les chaînes de ratios, ici limitées à deux composantes. Ces chaînes de ratios peuvent comporter autant de maillons qu'on veut mais ne démontrent pas grand-chose[3].

La liste ci-jointe des ratios de **rentabilité économique** est limitée à l'essentiel.

1 $$\frac{\text{résultat d'exploitation (EBE)} \times 100}{\text{actif d'exploitation[4]}}$$

2 $$\frac{\text{résultat d'exploitation (EBE)} \times 100}{\text{actif circulant}}$$

3 $$\frac{\text{marge commerciale} \times 100}{\text{actif circulant}}$$

4 $$\frac{\text{capacité d'autofinancement} \times 100}{\text{moyenne de l'actif[5]}}$$

---

1. *Voir page 112.*
2. *Voir page 75.*
3. *Ne pas confondre avec la méthode des scores (voir définition page 148).*
4. *Immobilisations brutes liées à l'exploitation + stocks + créances clients.*
5. *(actif début + actif fin)/2 ou, si on a les éléments pour le faire, les moyennes peuvent être calculées sur trois dates si l'on dispose d'un bilan semestriel.*

Chaînes de ratios les plus courants (exprimés en pourcentages)

5

rentabilité du chiffre d'affaires	=	rentabilité de l'actif circulant	×	productivité de l'actif circulant

$\dfrac{\text{résultat opérationnel}}{\text{chiffre d'affaires}}$	=	$\dfrac{\text{résultat opérationnel}^{1}}{\text{actif circulant}^{2}}$	×	$\dfrac{\text{actif circulant}^{2}}{\text{chiffre d'affaires}}$

6

rentabilité économique	=	rentabilité commerciale (ou d'exploitation)	×	productivité globale

$\dfrac{\text{résultat opérationnel}}{\text{moyenne de l'actif d'exploitation}^{3,\,4}}$	=	$\dfrac{\text{résultat opérationnel}^{1}}{\text{chiffre d'affaires}}$	×	$\dfrac{\text{chiffre d'affaires}}{\text{moyenne de l'actif d'exploitation}^{3,\,4}}$

Nos commentaires

Le ratio **1** $\dfrac{\text{résultat d'exploitation (EBE)} \times 100}{\text{actif d'exploitation}}$

est intéressant car il peut faire l'objet de **comparaisons à l'intérieur d'une grande entreprise** entre les unités décentralisées responsables de la gestion de leurs moyens. La définition de l'actif d'exploitation doit être rigoureuse et constante.

---

1. *Ou résultat des opérations d'exploitation excluant les opérations financières et exceptionnelles.*
2. *On peut se limiter à la somme des stocks et des créances clients à l'exclusion des autres postes de l'actif circulant. Ce ratio devient plus réaliste.*
3. *Immobilisations brutes liées à l'exploitation + stocks + créances clients.*
4. *(actif début + actif fin)/2 ou, si on a les éléments pour le faire, les moyennes peuvent être calculées sur trois dates si l'on dispose d'un bilan semestriel.*

Le ratio **2** $\dfrac{\text{résultat d'exploitation (EBE)} \times 100}{\text{actif circulant}}$

de la même forme que le précédent, est utile dans les entreprises ayant des travaux en cours importants.

Le ratio **3** $\dfrac{\text{marge commerciale} \times 100}{\text{actif circulant}}$

est essentiel dans les **entreprises de négoce,** y compris dans la grande distribution.

Le ratio **4** $\dfrac{\text{capacité d'autofinancement} \times 100}{\text{moyenne de l'actif}}$

a un caractère très général et permet des **comparaisons entre entreprises du même secteur d'activité** car les deux termes sont bien définis par le plan comptable.

Les deux chaînes de ratios **5** et **6** ont pour effet de démontrer que la rentabilité économique est le produit d'une forme de rentabilité par une forme de productivité. C'est plus un exercice intellectuel qu'une réalité quotidienne ; les deux facteurs n'évoluant pas du tout à la même vitesse. Intéressant sur 10 ans... quel intérêt ?

1.1.3   Comment exprimer la rentabilité d'exploitation, la profitabilité ?

La rentabilité d'exploitation s'exprime par le rapport :

$$\frac{\textbf{résultat} \times \textbf{100}}{\textbf{activité}}$$

Le résultat le plus usuel est celui du compte de résultat avec quelques informations ou calculs complémentaires. On peut prendre les soldes intermédiaires de gestion qui sont des formes de résultat.

La rentabilité d'exploitation prend en compte la notion de production qui nécessite une définition précise de ce terme quant à son contenu et à ses méthodes de calculs (coûts de revient).

Ces ratios – comme tant d'autres – doivent être cohérents quant à leurs constituants. Ainsi, bien qu'il soit correct sur la forme, le ratio :

$$\frac{\text{résultat financier} \times 100}{\text{produits exceptionnels}}$$

n'a aucun sens, le numérateur et le dénominateur n'ayant rien de commun.

Certains ratios sont « grand public » bien qu'ils manquent souvent de cohérence comme, par exemple, le ratio :

$$\frac{\text{résultat} \times 100}{\text{chiffre d'affaires}}$$

surtout si les résultats exceptionnels et financiers sont largement bénéficiaires et le résultat opérationnel en perte.

Il en est de même du résultat après impôt quand, par exemple, une entreprise en a acquis une autre pour « récupérer des pertes non imposables ».

En revanche, la plupart des ratios de rentabilité d'exploitation sont des **éléments indispensables de tableau de bord**. Ils sont utiles à l'information et à la prise de décisions. Ils doivent paraître au moins deux fois par an et même trimestriellement pour les centres de rentabilité, les centres de profit et les unités décentralisées. Ces ratios doivent toujours être commentés et analysés avec d'autres ratios.

14 RATIOS DE RENTABILITÉ D'EXPLOITATION

1
$$\frac{\text{résultat} \times 100}{\text{chiffre d'affaires}}$$

2
$$\frac{\text{marge commerciale} \times 100}{\text{vente de marchandise}}$$

3
$$\frac{\text{valeur ajoutée} \times 100}{\text{chiffre d'affaires}}$$

4
$$\frac{\text{résultat brut d'exploitation}^1 \times 100}{\text{chiffre d'affaires}}$$

5 *
$$\frac{\text{résultat courant} \times 100}{\text{chiffre d'affaires}}$$

6
$$\frac{\text{résultat d'exploitation} \times 100}{\text{coût de revient des ventes}}$$

7
$$\frac{\text{capacité d'autofinancement} \times 100}{\text{valeur ajoutée}}$$

8
$$\frac{\text{capacité d'autofinancement} \times 100}{\text{production totale}^2}$$

9
$$\frac{\text{autofinancement} \times 100}{\text{production totale}^2}$$

10
$$\frac{\text{résultat exceptionnel} \times 100}{\text{produits exceptionnels}}$$

---

* *Indispensable à connaître.*

1. *EBE (excédent brut d'exploitation) ou insuffisance brute d'exploitation si le montant est négatif, ce qui est grave à ce niveau de résultat.*
2. *Variante : prendre le coût de revient des ventes, ce qui élimine la production stockée et la production immobilisée. (Voir page 158)*

11 $\dfrac{\text{résultat financier} \times 100}{\text{produits financiers}}$

12 $\dfrac{\text{résultat financier} \times 100}{\text{résultat avant impôt}}$

13 $\dfrac{\text{résultat exceptionnel} \times 100}{\text{résultat avant impôt}}$

14 $\dfrac{\text{dividendes} \times 100}{\text{chiffre d'affaires}}$

Nos commentaires

Le ratio **1** $\dfrac{\text{résultat} \times 100}{\text{chiffre d'affaires}}$

« grand pubic » cité par tous les médias financiers sur deux ans seulement. Le résultat est après impôt et avant dividendes. Il comporte une part de résultat financier et de résultat exceptionnel. Il est bien **préférable de prendre le résultat opérationnel ou l'EBE.**

Le ratio **2** $\dfrac{\text{marge commerciale} \times 100}{\text{vente de marchandises}}$

est particulièrement utile à contrôler dans les **entreprises de négoce.**

Le ratio **3** $\dfrac{\text{valeur ajoutée} \times 100}{\text{chiffre d'affaires}}$

est intéressant si les structures sont constantes. Ce ratio peut également provoquer des questions sur l'**évolution des structures** de l'entreprise et de ses produits.

Le ratio **4** $\dfrac{\text{résultat brut d'exploitation} \times 100}{\text{chiffre d'affaires}}$

élimine les opérations financières et exceptionnelles qui n'ont rien à voir avec le chiffre d'affaires.

Le ratio **5** $\dfrac{\text{résultat courant} \times 100}{\text{chiffre d'affaires}}$

Le résultat courant regroupe les opérations d'exploitation et les opérations financières ainsi que les opérations faites en commun.

Le ratio **6** $\dfrac{\text{résultat d'exploitation} \times 100}{\text{coût de revient des ventes}}$

est presque parfait, surtout s'il peut paraître deux ou, mieux, quatre fois par an. De plus, il faudrait s'assurer que la comptabilité analytique et l'informatique permettent de bien calculer le coût de revient des ventes, production stockée et immobilisée non comprise.

Le ratio **7** $\dfrac{\text{capacité d'autofinancement} \times 100}{\text{valeur ajoutée}}$

est souvent cité. Il peut être trompeur surtout en cas de fortes variations de la valeur ajoutée dont il faut toujours analyser les causes.

Le ratio **8** $\dfrac{\text{capacité d'autofinancement} \times 100}{\text{production totale}}$

n'est utile qu'à titre d'information.

Le ratio **9** $\dfrac{\text{autofinancement} \times 100}{\text{production totale}}$

donne à une information éventuelle et peu significative.

Le ratio **10**

$$\frac{\text{résultat exceptionnel} \times 100}{\text{produits exceptionnels}}$$

n'a d'intérêt que dans la mesure où il y a un grand nombre de ce type d'opérations chaque année.

Le ratio **11**

$$\frac{\text{résultat financier} \times 100}{\text{produits financiers}}$$

peut être intéressant quand une entreprise dont l'activité principale n'est pas la finance, effectue un grand nombre d'opérations financières tous les ans.

Le ratio **12**

$$\frac{\text{résultat financier} \times 100}{\text{résultat avant impôt}}$$

peut montrer **l'importance occasionnelle ou constante des opérations financières** dans l'activité totale. Il y a des entreprises qui vivent mieux de leurs opérations financières que de leur exploitation.

Le ratio **13**

$$\frac{\text{résultat exceptionnel} \times 100}{\text{résultat avant impôt}}$$

peut être intéressant en cas d'évolution constante ou à forte variation. Il peut montrer **le poids des opérations exceptionnelles** (donc pas renouvelables systématiquement) par rapport à l'exploitation.

Le ratio **14**

$$\frac{\text{dividendes} \times 100}{\text{chiffre d'affaires}}$$

n'a, en principe, que peu d'intérêt sauf dans quelques entreprises familiales ou a structures fermées.

1.1.4 *Comment exprimer la rentabilité prévisionnelle d'un projet ou d'un investissement ?*

Une forme particulière de rentabilité consiste à calculer la rentabilité prévisionnelle d'un projet ou d'un investissement.

Un projet est caractérisé, d'une part, par un **investissement soit à inscrire au bilan, soit à passer en exploitation** et, d'autre part, par des sorties et des entrées d'argent sur une période relativement longue.

Au flux de résultat (écart entre production et consommation) caractérisé par des opérations relativement courtes portant sur un ou deux exercices, le projet substitue le critère de flux de trésorerie qui, sur une période longue, peut être confondu avec le résultat d'un projet.

La rentabilité du projet s'exprime par la formule générale :

$$\frac{\textbf{recettes moins dépenses prévues : flux de trésorerie nette } (\textit{actualisée})}{\textbf{dépenses prévues } (\textit{actualisées})}$$

Pour prendre des unités de même valeur, on prend des **Euros « actualisés »** en fonction de la durée, c'est-à-dire du temps séparant la recette et la dépense du moment du calcul.

Par exemple, 1 Euro dans 7 ans vaut 0,50 Euro actuel à un taux d'actualisation de 10 % (approximatif). L'actualisation est le contraire de la capitalisation qui s'appuie sur des taux d'intérêt, ce qui n'a rien à voir avec l'inflation.

Certaines **règles** sont à connaître :

- la revente d'une immobilisation est considérée comme une recette,
- une économie réalisée grâce au projet est considérée comme recette du projet,
- les amortissements (fausse sortie de trésorerie) ne sont pris en considération que pour calculer l'impôt (vraie sortie de trésorerie),
- le choix du financement du projet n'intervient, en général, qu'après l'étude de rentabilité.

Parmi les **critères** principaux, on retient :

- le taux de rentabilité du projet dans une hypothèse donnée, ou
- la vitesse de récupération du capital investi.

Le calcul de rentabilité d'un projet **sert :**

- à sélectionner un projet parmi plusieurs,
- à vérifier la faisabilité d'un projet avec ou sans recettes,

- à accepter ou à refuser un projet (refus si le taux de rentabilité est trop faible ou même négatif).

Certains projets n'ont pas de recettes saisissables directement (investissement social, somptuaire, de sécurité, etc.).

Les projets (ou investissements) principaux sont :
- de production (augmenter le volume),
- de productivité (diminuer les coûts en maintenant ou en augmentant le volume),
- de prestige,
- commercial,
- de sécurité,
- d'environnement (en particulier antipollution),
- de confort,
- etc.

1.2 Quels ratios choisir pour la productivité et les rendements ?

La productivité est un concept à la fois national, international et global au niveau d'une entreprise ou d'un centre de rentabilité (grandes unités décentralisées).

La notion de rendement – très proche de la productivité – est attachée à des **niveaux de responsabilité plus proches de l'exécution.**

Les ratios de rendement concernent toutes les fonctions : production, technique, commerciale, etc. Ces ratios sont également utilisés en contrôle de gestion et en gestion budgétaire.

	entreprises et centres de rentabilité	responsables fonctionnels et opérationnels	
		pilotage	contrôle de gestion
ratios de productivité globale	X	pour information	X
ratios de rendement	éventuellement pour décisions très sélectives	X	X

**UNITÉS D'ŒUVRES PRINCIPALES
UTILISÉES EN GESTION BUDGÉTAIRE**
(références de rendement et de productivité) « UO »

durées — année, mois, semaine, jour, minute

longueurs — kilomètre, mètre

poids — tonne, quintal, kilogramme

volumes — mètre cube, container, palette

contenances — hectolitre, litre

surfaces — kilomètre carré, hectare, mètre carré

quantité d'objets identifiables, identifiés et cohérents

voitures, réfrigérateurs, wagons, etc.
tournées, atterrissages, etc.

unités d'œuvre spécifiques à des professions

textile, BTP, informatique, assurances, banques,
transports, etc.

effectifs — salariés, CDI, CDD, représentants, catégories
socio-professionnelles, productifs directs, absents, etc.

unités composées — tonne / kilomètre, passager / kilomètre

unités d'œuvre très spécifiques

accidents du travail, accidents de trajet

social — jours de grève, chômage technique

Tous ces éléments sont indiqués par la comptabilité analytique, les statistiques et les informations des différentes directions (production, DRH, direction technique, contrôle de gestion).

1.2.1 Les ratios de productivité

Les ratios de la forme :

$$\frac{\text{activité}}{\text{moyens}}$$

mettent en jeu les données économiques (ou au pis-aller fiscales) du compte de résultat et du bilan. Il s'agit de contrôler le développement de l'activité sous ses différentes formes par rapport aux moyens mis en œuvre. Ils peuvent faire ressortir la sous-activité ou la saturation.

Une autre forme d'expression de ces ratios consiste à établir le rapport des variations d'activités et des variations des moyens.

$$\frac{\text{variation des activités}}{\text{variation des moyens}}$$

Ces ratios peuvent souvent être calculés, même en unités monétaires, par départements, ou par unités de gestion dans une grande société.

La progression de la productivité n'est pas automatiquement le signe d'une progression de la rentabilité. C'est souvent le cas mais il n'y a pas relation automatique ; augmentations ou rétentions exagérées de salaires, spéculation sur les matières premières, compression relative des prix de vente ou hausse abusive de ces prix, changement brutal de conjoncture peuvent dissocier l'évolution de la productivité et de la rentabilité.

L'amélioration – ou plus généralement la variation – de la productivité n'a d'effet sur la rentabilité d'exploitation qu'**avec un décalage de temps** plus ou moins long et d'autant plus long que le processus de réalisation du produit ou du service ou de l'activité commerciale est long et complexe.

Les ratios de productivité ne sont utilisés que pour en contrôler l'évolution. Ils peuvent également être utilisés pour situer la productivité d'une entreprise par rapport à la productivité moyenne de la même branche professionnelle avec beaucoup de précautions et en utilisant la formule bien connue de « toutes choses égales par ailleurs » ; c'est-à-dire à politiques, dimensions, catégories de produits, effectifs, etc., comparables. En tout cas, la comparaison de la productivité d'une entreprise de sidérurgie avec celle d'une entreprise de location de personnel n'aurait aucun sens.

Les ratios

Les ratios de productivité globale sont peu nombreux. Par contre, les ratios de rendement sont innombrables.

5 RATIOS DE PRODUCTIVITÉ GLOBALE

1 *
$$\frac{\text{chiffre d'affaires}}{\text{actif comptable}[1]}$$

2
$$\frac{\text{chiffre d'affaires}}{\text{actif d'exploitation}[1,2]}$$

3
$$\frac{\text{chiffre d'affaires}}{\text{actif circulant}[1]}$$

4
$$\frac{\text{production}[3]}{\text{actif}[1,4]}$$

5
$$\frac{\text{production}}{\text{valeur brute des immobilisations}[1,5]}$$

---

* *Indispensable à connaître.*

1. *Prendre, si possible, la moyenne annuelle ou, en cas d'impossibilité, les éléments en début d'exercice.*
2. *Ne prendre que les immobilisations en valeurs brutes ayant un rapport avec l'exploitation.*
3. *Exprimée en coût de production de la période. On peut prendre le coût de revient des ventes au lieu du coût de production. (Voir schéma page 158).*
4. *Ne prendre au bilan que la valeur des postes ayant une relation directe avec l'exploitation.*
5. *À la rigueur, prendre la valeur nette des immobilisations liées à la production.*

Nos commentaires

Le ratio **1** $\dfrac{\text{chiffre d'affaires}}{\text{actif comptable}}$

est facile à calculer et peut donner une vague idée de la **productivité globale**. Il serait significatif sur 10 ans au moins, mais quel est l'intérêt d'un chiffre datant de plus de 3 ans ?

Le ratio **2** $\dfrac{\text{chiffre d'affaires}}{\text{actif d'exploitation}}$

indique combien de fois par an (théoriquement) les moyens d'exploitation sont utilisés pour réaliser le chiffre d'affaires. Autre raisonnement : **combien de fois l'actif d'exploitation « tourne » pour réaliser le chiffre d'affaires ?**

Le ratio **3** $\dfrac{\text{chiffre d'affaires}}{\text{actif circulant}}$

est intéressant à calculer dans les entreprises de négoce à cycle court de ventes et, à l'inverse, dans les entreprises ayant des *en-cours de fabrication très importants sur longue période.*

Le ratio **4** $\dfrac{\text{production}}{\text{actif}}$ et le ratio **5** $\dfrac{\text{production}}{\text{valeur brute des immobilisations}}$

sont, parfois, intéressants surtout s'ils peuvent être calculés deux fois par an, ce qui nécessite la tenue d'une comptabilité analytique et budgétaire très élaborée et rapide.

1.2.2 *Les ratios de rendement*

Un rendement est une forme de productivité qui s'exprime par la formule générale :

$$\frac{\textbf{activité}}{\textbf{unités d'œuvre}}$$

Une liste d'unités d'œuvre est indiquée page 78.

L'activité peut se mesurer en valeurs monétaires représentant le chiffre d'affaires, la masse salariale ou, éventuellement, une forme de résultat considéré, alors, comme une activité qui peut, aussi, se mesurer en unités physiques telles que les quantités produites.

Les ratios de rendement sont spécifiques à chaque entreprise sinon même à chaque unité de gestion. Le rendement d'une étude de notaire n'est pas comparable au rendement d'une fabrique de jouets.

La liste suivante des activités souvent prises en compte dans les calculs de rendement est loin d'être complète :

- chiffre d'affaires (segmenté ou global),
- production (en coûts de revient ou en quantités, globale ou segmentée),
- sous-traitance (en coûts d'achat),
- valeur ajoutée (attention à la définition),
- masse salariale (totale, avec ou sans charges, segmentée),
- poste du compte de résultat (achats, charges financières, etc.),
- investissements (en coûts d'achat, production immobilisée),
- publicité (en coûts réels),
- agrégats (économie générale, soldes intermédiaires de gestion),
- absentéisme (en coûts à déterminer, en jours, par catégories),
- sous-activité (en coûts ou en heures),
- rebuts (coûts ou quantités),
- etc.

Les ratios de rendement font partie des outils de contrôle permanents. Certains peuvent être suivis par trimestre, d'autres par mois et certains par jour soit qu'il s'agisse de sécurité, soit qu'il s'agisse d'analyses urgentes donnant lieu à des décisions rapides.

La **notion de rendement** s'exprime par des ratios du type :

$$\frac{\text{activité réelle}}{\substack{\text{activité prévue} \\ \textit{ou normative}}} \quad ou \quad \frac{\text{activité}}{\substack{\text{quantité} \\ \textit{ou unité d'œuvre}}}$$

Le numérateur et le dénominateur sont très souvent exprimés en unités physiques.

Ces ratios ne peuvent être calculés que dans la mesure où l'entreprise a une comptabilité analytique et un système d'information bien élaboré.

Il ne faut pas sous-estimer la **difficulté de calculer un effectif moyen** ou des surfaces dites productives.

La saisie des temps passés et la détermination soit en temps, soit en coût de différentes catégories d'activité posent des problèmes toujours difficiles à résoudre surtout dans les grandes entreprises où, malgré un langage commun et des procédures bien élaborées, l'**interprétation des mots n'est pas toujours la même**. En particulier, dans les entreprises d'intellectuels baladeurs (les ingénieurs, les commerçants et les cadres supérieurs en déplacements perpétuels, les informaticiens et les techniciens, etc.), il est bien difficile de saisir les temps passés... même à une journée près.

Les ratios de rendement sont indispensables à calculer dans toutes les entreprises quelles qu'en soient leur nature (production ou services), leur importance (grandes, petites ou moyennes), leur forme juridique (sociétés, associations, entreprises individuelles) ou leurs spécificités (commerçants, artisans, industriels, prestataires de services ou professions libérales).

C'est un domaine de gestion où l'imagination peut apporter des outils intéressants.

7 RATIOS DE RENDEMENT

1 $\dfrac{\text{activité sociale}}{\text{activité totale}}$

2 $\dfrac{\text{surfaces productives}}{\text{surface totale}}$

3 $\dfrac{\text{sous-activité}}{\text{activité totale}}$

4 $\dfrac{\text{effectif productif}}{\text{effectif total}}$

5 * $\dfrac{\text{production } \textit{(en unités physiques ou monétaires)}^{\ 1}}{\text{effectif moyen}}$

6 $\dfrac{\text{chiffres d'affaires}}{\text{surface (m}^2\text{)}}$

7 * $\dfrac{\text{valeur ajoutée}}{\text{effectif moyen}}$

Nos commentaires

Le ratio **1** $\dfrac{\text{activité sociale}}{\text{activité totale}}$

permet de savoir ce que coûte l'activité sociale d'une entreprise, sans qu'il s'agisse d'attaquer les partenaires sociaux.

Le ratio **2** $\dfrac{\text{surfaces productives}}{\text{surface totale}}$

Ce n'est pas parce que la valeur indiquée par ce ratio augmente que tout va bien. Quand les surfaces ne permettent plus aux chariots élévateurs de passer, la productivité diminue. Le calcul des surfaces tient parfois du folklore.

Le ratio **3** $\dfrac{\text{sous-activité}}{\text{activité totale}}$

est très important, c'est une alerte aussi utile qu'un détecteur d'incendie. Il nécessite de bien définir la sous-activité et de la valoriser rationnellement (pas facile).

---

* *Indispensable à connaître.*

1. *Coûts de production : voir schéma page 158.*

Le ratio **4** $\dfrac{\text{effectif productif}}{\text{effectif total}}$

Méfiance absolue ; tout comme l'ancien ratio « I / P » (improductifs par rapport aux productifs), l'évolution de ce ratio n'a plus de sens. Il est souvent préférable d'avoir de bons commerçants vidant les stocks et d'excellents gestionnaires que d'avoir une pléthore de producteurs emplissant joyeusement des stocks destructeurs de trésorerie.

Le ratio **5** $\dfrac{\text{production } (\textit{en unités physiques ou monétaires})}{\text{effectif moyen}}$

est classique et permet de faire d'excellentes comparaisons inter-entreprises... mais se méfier des conclusions hâtives. Il est valable pour des productions bien définies (voitures de tourisme, pétroliers, produits agricoles, etc.).

Le ratio **6** $\dfrac{\text{chiffre d'affaires}}{\text{surface}}$

est essentiel à connaître dans les entreprises de grande distribution. L'amélioration constante de ce ratio peut conduire les clients à ne plus pouvoir circuler dans les magasins. Une variante consiste à étudier, par rayon, le chiffre d'affaires réalisé par mètre carré. Mais, si on s'en tient aux meilleures performances, on risque de ne plus avoir que de la bijouterie à vendre et plus jamais de meubles.

Le ratio **7** $\dfrac{\text{valeur ajoutée}}{\text{effectif moyen}}$

a un caractère économique très intéressant mais il y a lieu de se souvenir en permanence des avantages et des inconvénients liés à certaines interprétations de la valeur ajoutée (sous-traitance fluctuante, personnel en intérim, évolution du métier de l'entreprise, répartition du personnel, brusques variations de matières premières elles-mêmes changeantes, etc.).

1.2.2.1 Comment mesurer la progression de la productivité

Le développement de la productivité est, à la fois, cause et effet des contradictions économiques d'autant plus que les gains de productivité sont complètement différents d'une section à l'autre, d'une entreprise à une autre et d'une nation à une autre.

La progression de la productivité peut se définir comme étant une augmentation de l'activité avec une diminution relative des moyens humains et matériels pour la réaliser.

Les principales causes et effets du développement de la productivité sont les suivants :

Prix	Si un produit se vend de plus en plus avec des moyens de plus en plus réduits, les prix vont pouvoir baisser. Les consommateurs sont heureux avant d'être au chômage. Si les prix ne baissaient pas, la production supplémentaire (éventuelle) devrait être réalisée dans d'autres pays.
Concurrence	Si les prix baissent, la concurrence va devenir acharnée et, peut-être même, conduire certaines entreprises à licencier ou à délocaliser.
Investissements	Le développement de la production et de la qualité va nécessiter des investissements, donc des capitaux financiers.
Main-d'œuvre	La robotisation et l'informatique ont permis de remplacer l'homme par la machine (qui n'a pas d'état d'âme, ne demande pas d'augmentation de salaire et ne se met pas en grève).
Technicité	En général, l'investissement se traduit par une meilleure qualification professionnelle, un effort de formation pour la connaissance de la machine de haute technicité et pour son exploitation. Socialement parlant, tous les salariés n'auront probablement pas les capacités pour s'adapter.
Emploi	Il y a mutation de compétences : le personnel de haute technicité en petit nombre va remplacer le personnel sans qualification en grand nombre avec tout ce que cela sous-entend.
Formation	La formation doit précéder les fortes variations de productivité. Il faut savoir comment fonctionnent les nouveaux outils de production toujours plus complexes.

Le développement de la productivité dans une entreprise (ou une nation) devient une spirale qui ne fait qu'accélérer le stress des faibles mais favorise le consommateur parfois devenu chômeur. La variation de production implique une maîtrise de la politique économique et sociale.

La rentabilité peut évoluer dans un sens ou dans un autre, c'est un concept réversible. Dans la quasi-totalité des cas, le développement de la productivité est irréversible, toujours dans le sens du plus. C'est pour cette raison que les conséquences du développement de la productivité sont tellement importantes.

La productivié a des causes, des effets et des contraintes contradictoires

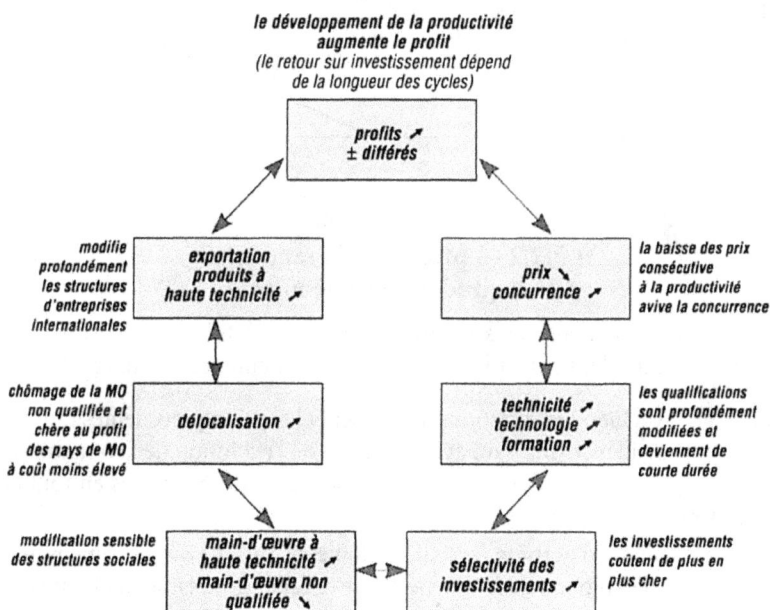

le développement de la productivité
augmente le profit
(le retour sur investissement dépend
de la longueur des cycles)

profits ↗
± différés

modifie profondément les structures d'entreprises internationales

exportation produits à haute technicité ↗

prix ↘ concurrence ↗

la baisse des prix consécutive à la productivité avive la concurrence

chômage de la MO non qualifiée et chère au profit des pays de MO à coût moins élevé

délocalisation ↗

technicité ↗ technologie ↗ formation ↗

les qualifications sont profondément modifiées et deviennent de courte durée

modification sensible des structures sociales

main-d'œuvre à haute technicité ↗ main-d'œuvre non qualifiée ↘

sélectivité des investissements ↗

les investissements coûtent de plus en plus cher

Le développement de la productivité n'est pas neutre et devient l'un des facteurs essentiels du développement de la mondialisation sous toutes ses formes.

➡ En général, les progrès de productivité développent tant pour les produits que pour les services : la qualité, le choix, la sécurité.

Le développement de la productivité peut – en simplifiant à l'extrême – se traduire par les graphiques ci-dessous. L'idéal serait que la main-d'œuvre des non-qualifiés puisse devenir main-d'œuvre de haute technicité. Ce n'est qu'un rêve... au niveau national et à celui des entreprises : c'est ce que l'on appelle des chaînes de mutation.

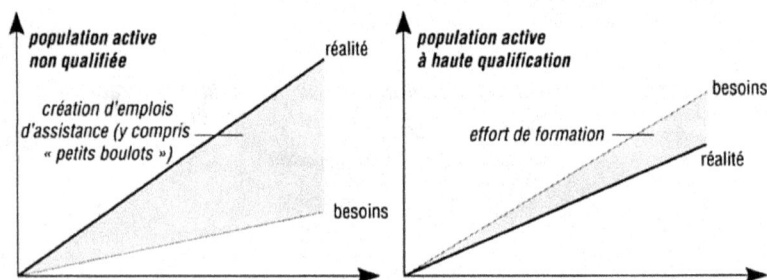

1.2.2.2 À propos de la rentabilité, la prudence est de mise

Les jugements péremptoires à partir de taux de rentabilité qui « grimpent » ou qui « s'écroulent » sont fort répandus et particulièrement navrants.

En effet, il y a bien des questions à se poser et les pages précédentes ont démontré la prudence qu'il faut avoir vis-à-vis de l'évolution de la rentabilité, surtout quand elle est analysée sur deux ans avec deux chiffres en tout et pour tout.

✓ Le **secteur d'activité** (et le lieu) doit être pris en compte. Une rentabilité d'exploitation de 2 % peut être excellente ou lamentable suivant qu'on est aux États-Unis ou au Zanzibar et suivant qu'on analyse les performances d'un hypermarché (ou « grande distribution ») ou d'un maréchal-ferrant.

✓ La **rentabilité optimale à zéro pour cent** existe et c'est souvent un travail d'artiste et de gestionnaire de parvenir à cette performance. C'est le cas d'une unité décentralisée dont l'objectif, à son niveau, est, justement, de ne pas dégager de marge. C'est aussi le cas d'entreprises publiques dont les budgets dépendent entièrement de l'État et des collectivités locales.

✓ La **sécurité** sous toutes ses formes n'a pas à dégager de rentabilité. Une compagnie de pompiers, pas plus qu'un service de santé, n'a à dégager de rentabilité (par contre, il y a obligation de rentabilité zéro et non négative).

LES QUESTIONS À SE POSER FACE AUX RATIOS DE RENTABILITÉ

• La **rentabilité pour qui** ?

Ça peut être pour l'entreprise elle-même (autofinancement), pour les actionnaires (dividendes et plus-values) mais ça peut être, aussi, pour les clients consommateurs ; ainsi, quand une entreprise de transport dégage une rentabilité zéro (ou... négative), c'est le consommateur qui en bénéficie (le fait que ce ne soit pas sain économiquement parlant est une autre histoire).

La rentabilité peut être une source de profit pour certains salariés (coopératives par exemple) ou pour l'État, ou pour les banques (qu'on le veuille ou non).

• La **rentabilité pour quand** ?

Si les objectifs de rentabilité sont à long terme surtout dans les entreprises à cycles de fabrication et d'investissement longs, les mauvais scores de rentabilité à court terme ont peu d'importance et il faut vérifier bien d'autres éléments pour se faire une idée de la marche de l'entreprise.

• La **rentabilité comment** ?

On a vu qu'il y a des centaines de formes de rentabilité et, à cet égard, il faut être perspicace. Il se peut que la rentabilité des capitaux propres soit absolument remarquable... surtout si les capitaux propres sont très insuffisants ; dans ce cas, il faut comparer ce ratio à celui de la rentabilité d'exploitation, ratio qui est proche de 0 %.

Il se peut, aussi, que le ratio $\dfrac{\text{résultat}}{\text{chiffre d'affaires}}$ soit négatif

et que le ratio $\dfrac{\text{performance économique}}{\text{chiffre d'affaires}}$ soit excellent : la différence se

retrouve dans la rentabilité des prêteurs qui n'hésiteront pas à mettre la main sur l'entreprise ultérieurement.

- **La rentabilité pourquoi ?**

  Les raisons de dégager des scores de rentabilité sont multiples allant du pouvoir au jeu et même à l'orgueil.

  En fait, les raisons essentielles sont d'assurer la sécurité et la pérennité de l'entreprise ou de rester sur la trajectoire optimale en vue d'atteindre un objectif à long terme dans le cadre d'une stratégie.

  La rentabilité n'est pas une simple lecture de deux chiffres diffusés par les médias. C'est, heureusement, plus subtil.

---

2 RENTABILITÉ ET PRODUCTIVITÉ SONT RELATIVEMENT INDÉPENDANTES

Les deux concepts ne vont pas de pair. Ce n'est pas parce que la rentabilité s'améliore que la productivité va évoluer dans le même sens. Il n'y a pas de cause à effet directement : l'amélioration de la productivité n'implique pas systématiquement une amélioration de la rentabilité.

On peut expliquer cette indépendance par le fait que les ratios de rentabilité se construisent à partir d'une forme de résultat et que **la productivité** (ou les rendements) **ne prend pas en compte le résultat.** En fait, il y a relation dans le temps par les interférences : évolution du marché, solidité de la trésorerie, rigueur et surtout cohérence de la gestion.

Les relations « productivité – rentabilité » (surtout dans ce sens) dépendent essentiellement de **la longueur de trois cycles de base : investissement, production, commercialisation.** Si ces cycles sont très longs, il faudra beaucoup de capitaux et une trésorerie solide pour que les gains de productivité aient une conséquence en gain de rentabilité.

On peut développer la productivité et augmenter les stocks au point d'absorber la trésorerie.

On peut, aussi, améliorer la rentabilité sous toutes ses formes avec une productivité stagnante ou même décroissante : il suffit de délocaliser les activités sans grande technicité dans des pays à bas salaires.

On ne peut porter un jugement sur la gestion d'une entreprise sans comparer et analyser la progression dans le temps des deux concepts de rentabilité et de productivité.

 **L'essentiel...**

Avant de poursuivre la lecture de ce livre, il apparaît important de faire le point sur les concepts de rentabilité et de productivité. Qui que nous soyons, ces deux concepts sont absolument indispensables à comprendre, à maîtriser et à exploiter.

Cependant, la multiplicité des formes de ces types de ratios nécessite de faire une relecture en fonction de ses propres besoins.

Il faut que ceux qui calculent et qui diffusent les ratios de rentabilité (experts, dirigeants) soient en parfaite cohérence et d'une transparence absolue avec ceux qui les exploitent (banquiers, syndicats, analystes, cadres et partenaires).

Il en ressort la nécessité d'un langage et de concepts communs tant au niveau des informations que des méthodes.

Rappel des ratios principaux :

$$\frac{\text{autofinancement} \times 100}{\text{capitaux propres}} \qquad \text{page 67}$$

$$\frac{\text{capacité d'autofinancement} \times 100}{\text{moyenne de l'actif}} \qquad \text{page 70}$$

$$\frac{\text{résultat courant} \times 100}{\text{chiffre d'affaires HT}} \qquad \text{page 74}$$

$$\frac{\text{chiffre d'affaires HT}}{\text{actif comptable}} \qquad \text{page 81}$$

$$\frac{\text{production}}{\text{effectif moyen}} \qquad \text{page 85}$$

$$\frac{\text{valeur ajoutée}}{\text{effectif moyen}} \qquad \text{page 85}$$

3 COMMENT ANALYSER LA STRUCTURE FINANCIÈRE DE L'ENTREPRISE

Les ratios de structure financière sont établis à partir du bilan. Un bilan comptable, juridique, fiscal, vrai au centime près n'a pas une grande signification face aux réalités économiques. Une entreprise est toujours plus riche ou plus pauvre que ne l'indique le total du bilans qui n'a une signification (et encore !) que pour les banques.

Dès lors, des « reclassements » et revalorisations s'imposent. Les principaux sont mentionnés page 94. Les reclassements n'étant pas les mêmes d'une entreprise à l'autre, il s'ensuit que les comparaisons inter-entreprises n'ont pas grande signification. Par contre, à méthode constante et rigoureuse, les ratios de structure montrent et démontrent les évolutions favorables ou défavorables.

Ratios de structure financière

	établis à partir de bilans comptables, juridiques et fiscaux	*établis à partir de bilans économiques (reclassement des postes)*
origine	centrales de bilans	directions financières ; travail délicat nécessitant des règles permanentes
comparaisons	comparaisons possibles à structures similaires	comparaisons dans le temps (évolution) mais difficiles avec d'autres entreprises
gestion, décisions	peu utiles, ratios d'information	tendances à long terme ou sur longues périodes
analyses	prudence extrême	peut expliquer les conséquences de décisions d'origines diverses

**Le schéma du bilan permet de repérer
les éléments des ratios de structure**

BILAN

	capitaux économiques actif	capitaux financiers passif	

immobilisations nettes **70**

50 capitaux propres

60 dettes à plus d'un an

stocks **85**

80 dettes d'exploitation

créances d'exploitation **45**

disponibilités **5**

15 découvert

205

actif circulant
85
+ 45
+ 5
135

**capitaux
permanents**
50
+ 60
110

FRN
110
− 70
+ 40

BFR
80
− (85 + 45)
− 50

trésorerie − 10

$$FRN \quad + \quad BFR \quad = \quad TR$$
$$(+40) \quad + \quad (-50) \quad = \quad -10$$

---

* *Tous les chiffres sont exprimés en milliers
d'Euros (K€).*

BILAN ÉCONOMIQUE

actif   passif

immobilisations brutes[1]

stocks[2]

créances d'exploitation[3]

créances hors exploitation

disponibilités

amortissements cumulés[1]

capitaux propres[4]

dettes financières[5]

dettes d'exploitation[6]

dettes hors exploitation[7]

découvert

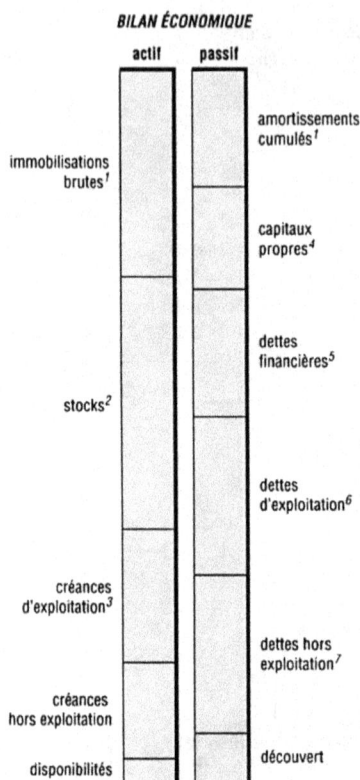

Après reclassement de certains postes du bilan, il est bien évident que les ratios de structure sont les mêmes que ceux calculés à partir du bilan comptable mais le résultat des calculs donne des **valeurs souvent complètement différentes.** On peut en tirer des conclusions plus ou moins optimistes par rapport à celles qu'on aurait tiré des ratios établis directement à partir des bilans comptables.

On peut « aller plus loin » dans le reclassement en réintégrant, par exemple, le **stock outils** dans les immobilisations et les **dettes d'exploitation renouvelables** en permanence dans les capitaux permanents.

On peut, aussi, réévaluer les **immobilisations** et créer un poste « réserves latentes au passif ».

1. *Non compris les frais d'établissement. Cette présentation des immobilisations correspond aux montants réels de la comptabilité générale.*
2. *En-cours diminués des avances et acomptes reçus des clients mais y compris les avances et acomptes versés à des fournisseurs d'exploitation.*
3. *Non compris les avances et acomptes versés à des fournisseurs d'exploitation mais y compris la valeur des traites et effets remis à l'escompte.*
4. *Y compris les comptes courants stables, surtout les comptes courants bloqués, moins les frais d'établissement non amortis mais y compris les seules provisions pour risques à plus d'un an.*
5. *À long et moyen terme seulement, non compris la part du court terme comprise dans les dettes financières.*
6. *Non compris les avances et acomptes reçus des clients mais y compris les traites et effets à payer aux fournisseurs.*
7. *Y compris les comptes courants d'associés non bloqués ou peu stables, la part du court terme des emprunts à long et moyen terme et les provisions pour risques à moins d'un an.*

Certains laissent à l'actif les **traites remises à l'escompte** et passent au passif la contrepartie en dette. Ce point de vue est défendable si on considère que l'escompte est une ressource et que l'entreprise est responsable de la dette de son client.

On peut faire de multiples reclassements de cette sorte mais il ne faut pas confondre des éléments de jugement plus ou moins précis avec des résultats de ratios dont les éléments doivent conserver une certaine rigueur sinon même une rigueur certaine.

Comme pour l'ensemble des ratios, il ne faut jamais se limiter à la lecture du résultat du calcul mais il est nécessaire de s'intéresser aux variations des deux éléments constitutifs. Ce schéma et le tableau montrent quelques contradictions apparentes qu'un spécialiste analyse sans difficultés.

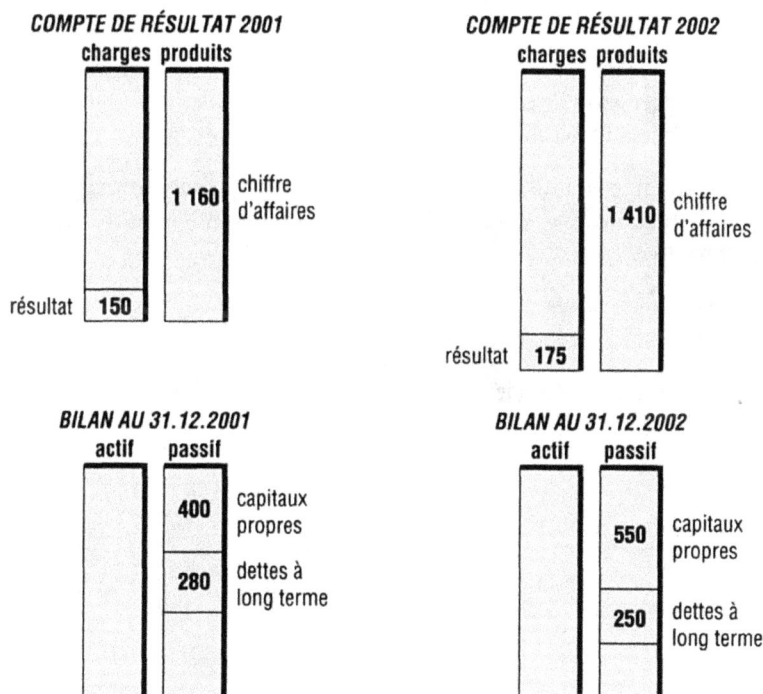

COMPTE DE RÉSULTAT 2001
charges produits

1 160 chiffre d'affaires

résultat 150

COMPTE DE RÉSULTAT 2002
charges produits

1 410 chiffre d'affaires

résultat 175

BILAN AU 31.12.2001
actif passif

400 capitaux propres

280 dettes à long terme

BILAN AU 31.12.2002
actif passif

550 capitaux propres

250 dettes à long terme

	2001	évolution	2002	
chiffre d'affaires	1 160	+ 250 (+ 21,6 %)	1 410	évolution favorable de tous les facteurs en valeurs absolues
résultat	150	+ 25 (+ 16,7 %)	175	
	31.12.2001	**évolution**	**31.12.2002**	
capitaux propres	400	+ 150 (+ 37,5 %)	550	
dettes à long terme	280	− 30 (− 10,7 %)	250	
capitaux permanents	680	+ 120 (+ 17,6 %)	800	

	2001	évolution	2002	
rentabilité d'exploitation	$\dfrac{150 \times 100}{1\ 160} = 12,9\ \%$	− 0,5 %	$\dfrac{175 \times 100}{1\ 410} = 12,4\ \%$	évolution défavorable de tous les facteurs exprimés sous forme de ratios de rentabilité
	31.12.2001	**évolution**	**31.12.2002**	
rentabilité des capit. propres	$\dfrac{150 \times 100}{400} = 37,5\ \%$	− 5,7 %	$\dfrac{175 \times 100}{550} = 31,8\ \%$	
rentabilité des capit. perman.	$\dfrac{150 \times 100}{680} = 22,1\ \%$	− 0,2 %	$\dfrac{175 \times 100}{800} = 21,9\ \%$	

C'est l'analyse des valeurs absolues et des ratios dans le contexte de l'entreprise qui permettra de conclure et non la simple observation de l'une ou de l'autre partie du tableau.

Ce schéma et le tableau montrent un exemple de **contradiction apparente** entre l'évolution des valeurs absolues (ou en indice de progression) et les valeurs relatives (ratios).

Dans l'exemple ci-dessous, on peut conclure (un peu hâtivement) que la sécurité financière de l'entreprise s'est améliorée ou... détériorée.

En fait, les deux méthodes sont complémentaires et doivent susciter des commentaires.

Quels ratios utiliser pour un diagnostic

BILAN AU 31 DÉCEMBRE 2002

BILAN AU 31 DÉCEMBRE 2001

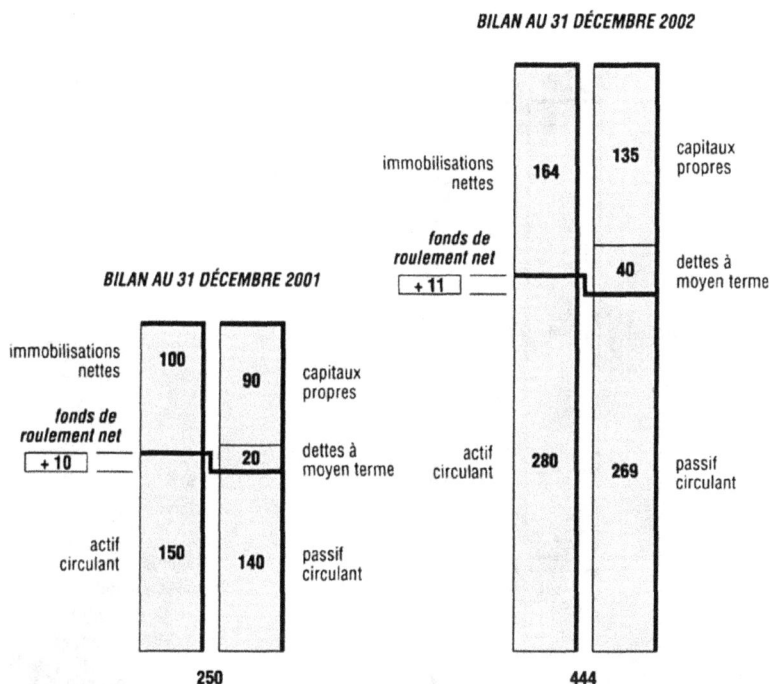

	31 Décembre 2001	2002	31 Décembre 2002
fonds de roulement net en valeurs absolues	10	+ 1 (+ 10 %)	11
ratio de couverture des immobilisations par les capitaux permanents	$\frac{110 \times 100}{100} = 110\%$	– 3 %	$\frac{175 \times 100}{164} = 107\%$
ratio de couverture de l'actif circulant par le passif circulant	$\frac{140 \times 100}{150} = 93\%$	+ 11 %	$\frac{280 \times 100}{269} = 104\%$
ratio de couverture de l'actif circulant par le fonds de roulement net	$\frac{10 \times 100}{150} = 6,7\%$	– 2,8 %	$\frac{11 \times 100}{280} = 3,9\%$

Le fonds de roulement net peut se calculer par le haut ou par le bas du bilan.

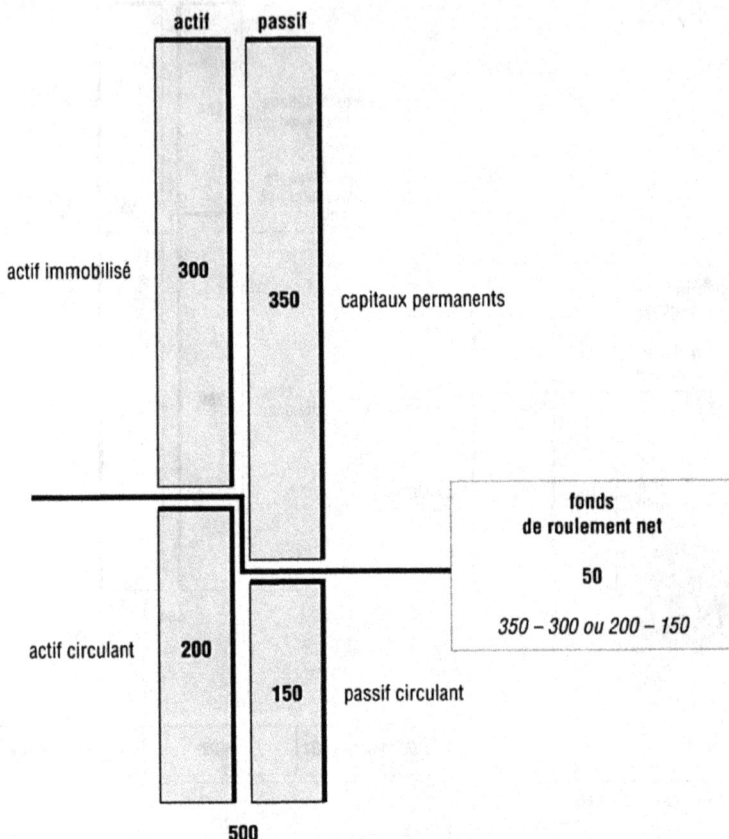

En général – pour les ratios – on calcule le fonds de roulement net à partir du bas du bilan. L'actif étant égal au passif, les conclusions quant à l'évolution sont les mêmes mais à partir de chiffres sensiblement différents.

Le choix d'une méthode ou d'une autre dépend – en partie – de la structure de l'entreprise dont les risques sont plutôt en haut de bilan (investissements spécifiques à hauts risques) ou en bas de bilan (entreprises de services) encore que cette distinction soit bien difficile à établir.

Nos commentaires

Les ratios de structure doivent être interprétés avec prudence.

Ils doivent **faire l'objet de commentaires précis** et limités en fonction des besoins, essentiellement des besoins d'information vis-à-vis des tiers : médias, banques ou experts de toutes sortes.

La prudence s'impose dans les conclusions internes.

✓ Il ne faut jamais dépasser **10 ratios** de structure, c'est déjà beaucoup.

✓ Ce n'est pas parce que la moyenne des moyennes sortie des **centrales de bilan** indique des scores supérieurs ou inférieurs au sien que l'on doit monter sur la table en faisant le chant du coq ou prendre un air de chien battu et affamé. Les politiques, les structures et l'organisation ne sont pas identiques dans toutes les entreprises même à l'intérieur d'un secteur d'activité.

✓ Les ratios de structure doivent porter sur **trois années** et une année prévisionnelle.

✓ Le **tableau de bord** – de la direction générale – doit expliquer les changements de pente significatifs des graphiques.

✓ Il faut expliquer les **différences de variation** entre les valeurs absolues et les valeurs relatives.

✓ Les ratios de structure financière devraient être calculés deux fois par an pour atténuer la saisonnalité classique d'une date de clôture fixée pour l'éternité.

3.1 Analyser la structure financière de l'entreprise à partir du bilan

1   ratio des capitaux propres $\dfrac{\text{capitaux propres}}{\text{immobilisations nettes}}$ ratio de fonds de roulement propre

2   ratio de couverture des immobilisations nettes $\dfrac{\text{capitaux permanents}^{1}}{\text{immobilisations nettes}}$ ratio de fonds de roulement net global *(par le haut du bilan)*

---

1. *Capitaux propres + dettes à long et moyen terme ou, par simplification, capitaux propres + dettes financières sauf découvert mais y compris la part de court terme des emprunts longs.*

Les ratios

#			
3	ratio de liquidité générale	$\dfrac{\text{actif circulant}^{1}}{\text{dettes à court terme}}$	**ratio de fonds de roulement net** *(par le bas du bilan)*
4	ratio de liquidité réduite[7]	$\dfrac{\text{disponibilité et créances réelles}^{2}}{\text{dettes à court terme réelles}^{2}}$	**ratio de trésorerie nette**
5	ratio de liquidité immédiate[7]	$\dfrac{\text{disponibilités}}{\text{dettes à court terme réelles}^{2}}$	**ratio de trésorerie immédiate**

#			
6	ratio de solvabilité		$\dfrac{\text{capitaux propres}^{3}}{\text{ensemble des dettes}^{4}}$
7	ratio d'indépendance financière	★	$\dfrac{\text{capitaux propres}^{3}}{\text{dettes financières}^{5}}$
8	ratio de couverture du chiffre d'affaires en nombre de jours par le FRN		$\dfrac{\text{fonds de roulement net global} \times 360}{\text{chiffre d'affaires HT}}$
9	ratio de sécurité à court terme		$\dfrac{\text{fonds de roulement net} \times 100}{\text{actif circulant}}$
10	ratio de couverture des stocks		$\dfrac{\text{fonds de roulement net} \times 100}{\text{ensemble des stocks}^{6}}$
11	ratio de couverture des immobilisations		$\dfrac{\text{fonds de roulement net} \times 100}{\text{immobilisations nettes}}$
12	ratio de taux de couverture des en-cours		$\dfrac{\text{avances et acomptes reçus des clients} \times 100}{\text{en-cours}}$

---

1. *Stocks + créances + disponibilités ou total de l'actif moins les immobilisations nettes.*
2. *Il y a lieu d'éliminer les créances et les dettes qui ne donneront pas lieu à des entrées ou à des sorties réelles de trésorerie (comptes de régularisation, avances et acomptes, etc.).*
3. *Il y a lieu, parfois, de réintégrer certains comptes courants d'associés dans les capitaux propres et de les retirer des dettes à court terme.*
4. *Dettes à long, moyen et court terme (endettement total vis-à-vis des tiers).*
5. *Dettes financières à plus d'un an.*
6. *Une autre façon de calculer ce ratio consiste à retirer des stocks la partie préfinancée par les avances et les acomptes reçus des clients.*
7. *Ces ratios ne sont presque plus utilisés.*

Nos commentaires

Le ratio **1** $\dfrac{\text{capitaux propres}}{\text{immobilisations nettes}}$

indique La couverture des immobilisations nettes par les capitaux propres. C'est en quelque sorte un indice d'aisance et de richesse. Si ce ratio est élevé et s'améliore, c'est un signe de confort encore que la trésorerie puisse être tendue. S'il est très faible, c'est que les risques fondamentaux de l'entreprise sont couverts par des capitaux d'emprunts, ce qui peut être acceptable s'il s'agit d'immobilisations cessibles (machines ou installations standard) ou particulièrement dangereux si les immobilisations sont spécialisées, spécifiques et non cessibles (une raffinerie, par exemple).

Le ratio **2** $\dfrac{\text{capitaux permanents}}{\text{immobilisations nettes}}$

est intéressant car il permet de contrôler l'évolution réelle du fonds de roulement net. En effet, par exemple, le fonds de roulement net global peut augmenter en valeurs absolues mais se dégrader en valeurs relatives et c'est bien ce ratio qui montrera une détérioration et non l'évolution en valeurs absolues.

Le ratio **3** $\dfrac{\text{actif circulant}}{\text{dettes à court terme}}$

ou ratio de liquidité générale est assimilable au précédent mais il donne des valeurs très différentes. La plupart des gestionnaires et des banques préfèrent ce ratio au précédent.

Le ratio **4** $\dfrac{\text{disponibilités et créances réelles}}{\text{dettes à court terme réelles}}$

Le ratio **5** $\dfrac{\text{disponibilités}}{\text{dettes à court terme réelles}}$

n'auraient de signification dans leur évolution que s'ils étaient calculés à des échéances très rapprochées. Calculés tous les ans à partir de bilans strictement comptables, ils n'ont que peu d'intérêt : autant suivre l'évolution du plan de trésorerie.

Le ratio « disponibilité sur découvert » n'offre pas, non plus, d'intérêt, car ou bien le découvert est très important par rapport aux disponibilités en principe nulles, ou les disponibilités sont importantes par rapport au découvert inexistant.

Si, par hasard, on a une hausse importante du découvert compensée par un même montant de disponibilités, c'est qu'on gère l'entreprise comme gribouille ou que l'on travaille pour les banquiers.

Le ratio **6** $\dfrac{\text{capitaux propres}}{\text{ensemble des dettes}}$

ou ratio de solvabilité mélange les dettes à un jour et les dettes à 20 ans. Il n'a pas grande signification sauf dans certains cas où fournisseurs et banquiers sont liés et sont peu nombreux. Cependant, ce ratio a parfois une grande importance pour les banquiers vis-à-vis des entreprises.

Le ratio **7** $\dfrac{\text{capitaux propres}}{\text{dettes financières}}$

dit « d'indépendance » est plus intéressant car il établit souvent le rapport de force entre l'entreprise et les banques ou entre les actionnaires et les obligataires.

Le ratio **8** $\dfrac{\text{fonds de roulement net global} \times 360}{\text{chiffre d'affaires HT}}$

indique le nombre de jours de chiffres d'affaires HT correspondant au fonds de roulement net global. C'est un ratio à contrôler surtout dans les entreprises de négoce. C'est un ratio statistique. L'évolution de tous les ratios relatifs au fonds de roulement net global est particulièrement importante à contrôler dans les entreprises à cycles de fabrication longs et complexes dans lesquelles les en-cours représentent une part importante de l'actif. Il n'y a pas de normes très strictes pour le contrôle de ce ratio même dans le cadre d'un secteur professionnel.

Le ratio **9** $\dfrac{\text{fonds de roulement net} \times 100}{\text{actif circulant}}$

dont une autre expression est « actif circulant sur passif circulant » devrait, en principe, être supérieur à 1 (ou à 100 %). Cependant, dans bien des cas et même si on ne reclasse pas les postes du bilan, il y a bien des entreprises dont ce ratio est inférieur à 1 qui se portent bien.

Le ratio **10** $\dfrac{\text{fonds de roulement net} \times 100}{\text{ensemble des stocks}}$

couverture des stocks par le fonds de roulement net est important à contrôler dans toutes les entreprises (sauf dans les entreprises de services) et tout particulièrement dans celles où l'importance des stocks représente, en fait, une immobilisation permanente.

Le ratio **11** $\dfrac{\text{fonds de roulement net} \times 100}{\text{immobilisations nettes}}$

permet de vérifier dans quelle mesure le fonds de roulement net couvre l'ensemble des immobilisations nettes, ce qui se voit mieux dans le ratio « capitaux permanents sur immobilisations nettes », ratio qui devrait théoriquement être supérieur à 1.

Le ratio **12** $\dfrac{\text{avances et acomptes reçus des clients} \times 100}{\text{en-cours}}$

doit être vérifié plusieurs fois par an pour s'assurer que les commerçants gèrent correctement les entrées d'argent le plus tôt possible.

3.2 Analyser les capacités de financement à partir du bilan

Les ratios de financement sont souvent assimilables à des ratios de structure calculés à partir des bilans.

On peut distinguer les ratios de financement à long terme et ceux se rapportant au court terme, ces derniers devant être interprétés avec prudence surtout dans les entreprises saisonnières. Les ratios de financement à court terme devraient être calculés mensuellement.

1   ratio d'endettement * $\dfrac{\text{dettes à plus d'un an}}{\text{capitaux propres}}$

2   ratio d'endettement $\dfrac{\text{dettes a plus d'un an} \times 100}{\text{capitaux permanents}}$

3	ratio d'autonomie financière	$$\dfrac{\text{capitaux propres} \times 100}{\text{passif}}$$
4	ratio de capacité de négociation	$$\dfrac{\text{capitaux propres}}{\text{ensemble des dettes vis-à-vis des banques}}$$
5	ratio de remboursement du passif	$$\dfrac{\text{dettes financières totales}}{\text{capacité d'autofinancement}}$$
6	ratio de remboursement des dettes	$$\dfrac{\text{dettes financières à plus d'un an}}{\text{capacité d'autofinancement}}$$
7	ratio de risque de surendettement	$$\dfrac{\text{dettes à long et moyen terme}}{\text{résultat non distribué}}$$
8	ratio de risque de surendettement	$$\dfrac{\text{résultat non distribué}}{\text{annuité de remboursement des dettes à plus d'un an}}$$
9	ratio de comptes courants bloqués	$$\dfrac{\text{comptes courants bloqués} \times 100}{\text{capitaux propres}^{1}}$$
10	ratio de dettes obligataires	$$\dfrac{\text{dettes obligataires} \times 100}{\text{ensemble des dettes à plus d'un an}}$$
11	ratio d'autofinancement *	$$\dfrac{\text{autofinancement} \times 100}{\text{investissements de l'exercice}}$$
12	ratio de financement de stock	$$\dfrac{\text{dettes aux fournisseurs de matières premières}}{\text{stock de matières premières}}$$
13	ratio de financement de stock	$$\dfrac{\text{dettes aux fournisseurs de marchandises}}{\text{stock de marchandises (à revendre en l'état)}}$$

---

1. *Y compris les comptes courants bloqués.*

Nos commentaires

Le ratio **1** $\dfrac{\text{dettes à plus d'un an}}{\text{capitaux propres}}$

doit, en principe, être inférieur à 1, c'est-à-dire que les capitaux empruntés à long terme doivent être inférieurs aux capitaux propres.

Le ratio inverse : « capitaux propres sur dettes à plus d'un an » a la même signification mais exprimé dans ce sens, il doit être supérieur à 1.

Le ratio **2** $\dfrac{\text{dettes à plus d'un an} \times 100}{\text{capitaux permanents}}$

est exprimé en pourcentage. Un tel ratio devrait être inférieur à 50 %, c'est-à-dire que l'endettement à long terme ne devrait pas être supérieur aux capitaux propres. De très nombreuses grandes entreprises dépassent ce pourcentage sans trop de dommages.

Les ratios *1* et *2* mesurent la capacité de financement à long terme.

Le ratio **3** $\dfrac{\text{capitaux propres} \times 100}{\text{passif}}$

est un ratio statistique sans grand intérêt car on mélange les dettes longues avec le découvert et les avances reçues des clients avec les comptes de régularisation.

Le ratio **4** $\dfrac{\text{capitaux propres}}{\text{ensemble des dettes vis-à-vis des banques}}$

est intéressant car il mesure l'autonomie et la liberté financière sinon même le **rapport de force** ou la **capacité de négociation** de l'entreprise vis-à-vis des banques. Plus ce ratio est élevé, plus l'entreprise a une bonne capacité d'emprunt.

Le ratio **5** $\dfrac{\text{dettes financières totales}}{\text{capacité d'autofinancement}}$

indique le nombre d'années qu'il faudrait pour rembourser le passif. Ce ratio a peu d'intérêt ; il est théorique et mélange trop de postes du passif.

Le ratio **6** $\dfrac{\text{dettes financières à plus d'un an}}{\text{capacité d'autofinancement}}$

indique le nombre d'années – théorique – qu'il faudrait pour rembourser les dettes longues. Ce ratio intéresse les obligataires et les banques à titre de statistiques plutôt que de risques réels.

Il est admis qu'en général ce ratio doit être inférieur à 3. Entre 3 et 5, la situation devient souvent dangereuse. Elle peut devenir franchement mauvaise au-delà de 5.

Le ratio **7** $\dfrac{\text{dettes à long et moyen terme}}{\text{résultat non distribué}}$

est beaucoup plus réaliste que les ratios **5** et **6**. Il montre un des **risques de surendettement** éventuel mais la mesure du risque reste aléatoire car la situation peut évoluer rapidement en fonction des résultats et des dividendes. L'appréciation des résultats de ce ratio est très différente d'un secteur à l'autre. De plus, en période de fort investissement, ce ratio devient très théorique étant donné la pointe d'endettement qui en résulte.

Le ratio **8** $\dfrac{\text{résultat non distribué}}{\text{annuité de remboursement des dettes à plus d'un an}}$

permet des conclusions identiques à celles du ratio **7**. Le dénominateur nécessite des informations comptables.

Le ratio **9** $\dfrac{\text{comptes courants bloqués} \times 100}{\text{capitaux propres}}$

montre la part des comptes courants bloqués dans les capitaux propres. Il mérite d'être analysé pour savoir pourquoi ces comptes courants ne sont pas incorporés au capital.

Le ratio **10** $\dfrac{\text{dettes obligataires} \times 100}{\text{ensemble des dettes à plus d'un an}}$

montre le rapport de force entre les banques et les obligataires. Il s'agit d'un ratio d'information.

Le ratio **11** $\dfrac{\text{autofinancement} \times 100}{\text{investissements de l'exercice}}$

est très important tant au niveau d'une entreprise que d'un secteur d'activité ou d'une nation. L'évolution de ce ratio entraîne beaucoup de questions avant de porter un jugement. En effet, ce ratio peut s'améliorer, ce qui est bien, mais il peut s'améliorer par sous-investissement chronique, ce qui est beaucoup plus risqué pour l'avenir.

Le ratio **12** $\dfrac{\text{dettes aux fournisseurs de matières premières}}{\text{stock de matières premières}}$

montre dans quelle mesure les fournisseurs financent le stock. Ce ratio est intéressant dans certaines **usines de production de masse.**

Le ratio **13** $\dfrac{\text{dettes aux fournisseurs de marchandises}}{\text{stocks de marchandises (à revendre en l'état)}}$

est particulièrement intéressant à suivre dans la **grande distribution** (hypermarchés, centrales d'achat et grandes surfaces). Il montre dans quelle mesure les fournisseurs financent les stocks.

Cas n° 3 : CODECO

CODECO est une entreprise française de conseils aux particuliers dans le domaine de la décoration au sens large du terme. Il s'agit d'une entreprise de service qui sous-traite la réalisation des travaux qu'elle préconise.

Son marché est limité au Nord de la France, à la Belgique et à la Suisse, c'est-à-dire aux pays francophones de l'Europe.

Son directeur financier veut commenter à son banquier la rentabilité et la structure financière de l'entreprise en vue d'obtenir un prêt pour initialiser et développer des chantiers en Angleterre et aux États-Unis.

Quels ratios peut-il présenter ?

(L'entreprise ne présente que très peu de charges et de produits financiers et/ou exceptionnels).

En milliers d'euros (K€)

ÉLÉMENTS D'EXPLOITATION

		1998	1999	2000	2001
1	chiffre d'affaires hors TVA	30 736	39 430	46 314	47 515
2	résultat brut d'exploitation	10 637	13 531	19 013	20 687
3	dotation aux amortissements	3 734	3 615	3 260	3 154
4	impôt	1 208	1 353	1 436	1 635
5	résultat net	2 615	2 414	3 541	3 815

ÉLÉMENTS DE BILAN

		31.12.1998	31.12.1999	31.12.2000	31.12.2001
6	immobilisations nettes	20 614	18 740	14 874	12 628
7	capitaux propres	12 000	12 650	13 102	13 630
8	dettes à long et moyen terme	2 526	2 313	2 112	2 060
9	autres dettes à court terme (découverts et dettes assimilées)	1 225	1 718	2 024	6 754

AFFECTATION DES RÉSULTATS AUX DIVIDENDES

		1998	1999	2000	2001
10	dividendes	80	95	115	120

* Les solutions sont en annexes, page 224

3.3 Analyser les investissements par le bilan et par le compte de résultat

Les investissements doivent être bien définis quand on calcule des ratios à leur sujet. On peut investir par le bilan, ce qui est classique tant en investissements corporels, incorporels que financiers ; mais on peut aussi investir par le compte de résultat en organisation, formation, conseil, recherches, publicité sans que ces charges soient valorisées en production immobilisée, ne serait-ce que par prudence.

Les ratios d'investissements doivent **être cohérents** et ne pas mélanger des investissements financiers avec des machines-outils. Ils doivent être décentralisés par centre de responsabilité ou par grandes unités ayant des moyens économiques à leur disposition. Il sont à définir par grandes catégories d'investissement en évitant, par exemple, de mélanger la bureautique et les moyens lourds de production.

Les ratios indiqués ici ne sont que des « têtes de chapitre », de nombreux ratios spécifiques pouvant être calculés à partir de ces quelques exemples.

1   **ratio de confiance en l'avenir** * $\dfrac{\text{investissements de l'exercice} \times 100}{\text{chiffre d'affaires}}$

2   **ratio d'investissement productif** $\dfrac{\text{investissements liés à la production}[1] \times 100}{\text{valeur de la production}}$

3   **ratio de productivité** $\dfrac{\text{investissements de l'exercice}[2]}{\text{effectif moyen}[3]}$

4   **ratio de développement de la productivité** $\dfrac{\text{indice d'évolution des investissements productifs}}{\text{indice d'évolution des effectifs}}$

---

*   *Indispensable à connaître.*

1. *Investissements « bilan » avec ou sans investissements par le compte de résultat. Ce ratio est à établir par catégorie et secteur.*
2. *Global ou par secteur ou par catégorie d'investissements.*
3. *Définir l'effectif moyen.*

5	ratio d'évolution de l'investissement financier	$\dfrac{\text{investissements financiers} \times 100}{\text{investissements totaux}}$
6	ratio d'investissement incorporel	$\dfrac{\text{investissements incorporels} \times 100}{\text{investissements totaux}}$
7	ratio d'investissement corporel	$\dfrac{\text{investissements corporels} \times 100}{\text{investissements totaux}}$

Toutes les catégories d'investissements doivent être suivies en indices d'évolution avec une base 100 de moins de 5 ans ou en indices de progression par année (évolution en pourcentage d'une année sur l'autre).

Nos commentaires

Le ratio **1** $\dfrac{\text{investissements de l'exercice} \times 100}{\text{chiffre d'affaires}}$

montre l'**agressivité et la confiance en l'avenir**. C'est soit un indice de santé, soit un indice de boulimie imprudente.

Ce ratio ne peut pas grimper de plus en plus sur une longue période. Ce taux d'investissement est très variable d'un secteur à l'autre.

Il faut tenir compte de la durée des cycles d'investissement. Dans certaines industries, le taux peut être de 70 % mais redescendre à 10 % pendant 3 ans sans que ce soit défavorable.

Ce ratio est particulièrement intéressant pour les comparaisons entre les entreprises d'un même secteur tant au niveau national qu'international.

Le ratio **2** $\dfrac{\text{investissements liés à la production} \times 100}{\text{valeur de la production}}$

indique le taux d'**investissement productif** mais ne tient pas compte des investissements d'études et de recherches et des investissements financiers.

Le ratio **3** $\dfrac{\text{investissements de l'exercice}}{\text{effectif moyen}}$

est un ratio statistique qui peut expliquer un développement de la productivité ou qui peut illustrer des baisses d'effectifs (corrélations).

Le ratio **4** $\dfrac{\text{indice d'évolution des investissements productifs}}{\text{indice d'évolution des effectifs}}$

montre une forme de **développement de la productivité.** Quand l'évolution en indice d'effectif est moins rapide que celle des investissements, on peut en déduire (à vérifier) que « ça tourne de mieux en mieux avec de moins en moins de salariés ».

Le ratio **5** $\dfrac{\text{investissements financiers} \times 100}{\text{investissements totaux}}$

indique l'évolution de l'investissement financier par rapport à la totalité des investissements. Il peut expliquer des changements de structure, certaines entreprises préférant prendre des participations plutôt que de créer ou de conserver des unités de production.

Le ratio **6** $\dfrac{\text{investissements incorporels} \times 100}{\text{investissements totaux}}$

prend en compte les investissements incorporels constitués de logiciels, d'études, de recherches et de brevets. Ce ratio montre la confiance en l'avenir. Il s'agit d'un ratio statistique. Ce ratio est particulièrement **élevé dans les entreprises à technologie de pointe.**

Le ratio **7** $\dfrac{\text{investissements corporels} \times 100}{\text{investissements totaux}}$

est lui-même à décomposer en grandes catégories d'investissements. Il y a lieu, en particulier, d'isoler la bureautique, l'informatique et la communication des autres investissements.

3.4 Analyser les immobilisations pour contrôler une partie de la stratégie

Le terme d'investissement peut représenter la différence des immobilisations brutes au cours d'une période (en consultant « l'Annexe »[1] pour tenir compte des retraits en cours de période) mais ce terme peut recouvrir aussi l'investissement par l'exploitation qui ne cesse de croître tout particulièrement dans le secteur des services.

Les termes cités sur ce schéma donnent une liste (fort incomplète) de ce qu'il est convenu d'appeler l'investissement par l'exploitation, difficile à calculer, spécifique à chaque entreprise. Il est fort intéressant à prende en compte dans certains ratios.

Par ailleurs, ce schéma permet de situer les termes utilisés pour calculer les ratios liés aux immobilisations.

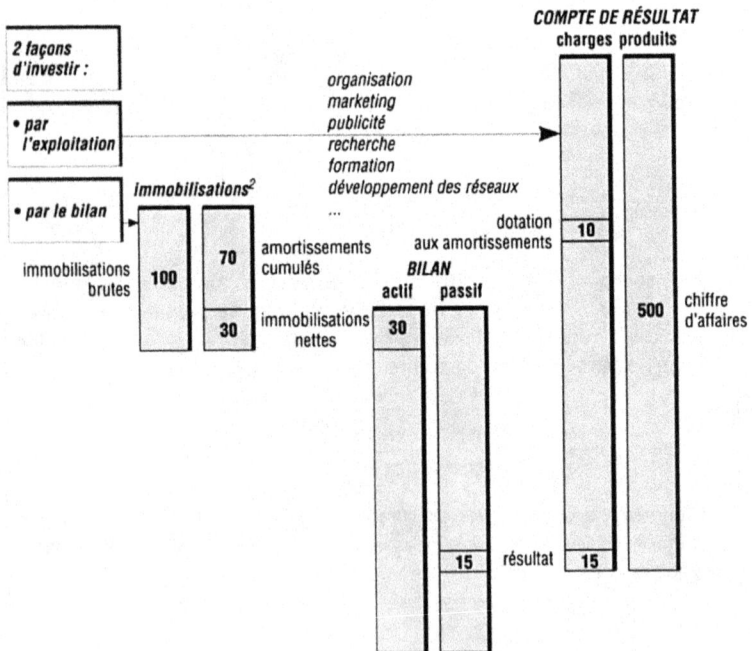

---

1. *Voir renvoi de la page 58.*
2. *Corporelles, incorporelles et financières.*

Les ratios liés aux immobilisations – comme ceux liés aux investissements – constituent des informations qui peuvent, éventuellement, permettre de contrôler un aspect de la stratégie.

Ils doivent être calculés par catégorie :
- **amortissables et non amortissables,**
- **corporels (eux-mêmes par catégorie), incorporels et financiers,**
- **secteurs d'activités internes.**

Ils doivent être calculés sans les immobilisations en crédit-bail, ces immobilisations devant faire l'objet d'analyses séparées.

Il faut tenir compte des **amortissements fiscaux** (linéaires ou dégressifs) qui indiquent des ratios faux mais faciles à calculer et les **amortissements techniques** qui indiquent des ratios plus réels mais difficiles à calculer et non communiqués aux tiers : ces précautions prises, il peut paraître difficile de faire des comparaisons inter-entreprises à ce sujet.

Il faut tenir compte de l'origine des investissements soit achetés, soit produits par l'entreprise elle-même, soit en partie achetés et en partie réalisés par l'entreprise.

Les immobilisations encore **en service et complètement amorties** apparaissent au bilan. C'est le cas d'immobilisations très anciennes mais... indestructibles ! ou d'immobilisations technologiques à amortissements rapides.

Quand on prend, dans un ratio, les immobilisations brutes comme référence, il faut se méfier des **immobilisations très anciennes** dont le prix de remplacement serait bien supérieur à leur valeur brute d'origine. C'est pourquoi certains auteurs préconisent de prendre les valeurs de remplacement au lieu des valeurs brutes, ce qui est tout à fait pertinent mais presque impossible à déterminer dans bien des cas.

1	ratio de taux de vieillissement	$$\frac{\text{amortissements cumulés}^1 \times 100}{\text{valeur brute des immobilisations amortissables}}$$
2	ratio de taux de vieillissement *	$$\frac{\text{dotation aux amortissements}^1 \times 100}{\text{valeur brute des immobilisations amortissables}}$$
3	ratio des immobilisations de la production	$$\frac{\text{immobilisations corporelles brutes}^2 \times 100}{\text{total des immobilisations brutes}}$$
4	ratio de productivité	$$\frac{\text{immobilisations brutes de production}}{\text{effectifs de production}^3}$$
5	ratio de taux de renouvellement	$$\frac{\text{investissements corporels par le bilan} \times 100}{\text{immobilisations corporelles brutes}}$$
6	ratio de taux de renouvellement	$$\frac{\text{investissements par le bilan} \times 100}{\text{immobilisations nettes}^4}$$
7	ratio de part d'amortissement	$$\frac{\text{dotation aux amortissements}^5 \times 100}{\text{chiffre d'affaires}}$$
8	ratio du poids des immobilisations brutes	$$\frac{\text{immobilisations brutes de production}^2 \times 100}{\text{total des immobilisations brutes}}$$
9	ratio du poids des immobilisations incorporelles	$$\frac{\text{immobilisations incorporelles}^6 \times 100}{\text{total des immobilisations brutes}}$$
10	ratio du poids des immobilisations financières	$$\frac{\text{immobilisations financières}^7 \times 100}{\text{total des immobilisations brutes}}$$

1. *Amortissements fiscaux ou techniques.*
2. *À décomposer par catégorie : production, transports, informatique, communication, bureautique, etc.*
3. *À définir par entreprise.*
4. *En tenant compte des chiffres du bilan, donc des amortissements fiscaux.*
5. *Amortissements fiscaux du compte de résultat.*
6. *Essentiellement études, recherches, brevets. Il est possible de découper ce ratio en sous-catégories.*
7. *L'analyse de l'évolution de ce ratio est difficile à faire par suite de l'évolution des cours des actions cotées.*

Nos commentaires

Le ratio **1** $$\frac{\text{amortissements cumulés} \times 100}{\text{valeur brute des immobilisations amortissables}}$$

représente le **taux de vieillissement.** Le calcul indique des chiffres très différents suivant que l'on prend les amortissements fiscaux ou techniques. Ces ratios sont à mettre en graphiques et permettent de voir dans quelle mesure « l'outil de travail » vieillit et dans quelle mesure on est en avance ou en retard par rapport aux autres entreprises du même secteur.

Le ratio **2** $$\frac{\text{dotation aux amortissements} \times 100}{\text{valeur brute des immobilisations amortissables}}$$

a, à peu près, la même signification que le précédent. Si la dotation aux amortissements diminue, c'est un signe de vieillissement et c'est – peut-être – une explication de l'amélioration du résultat... et de l'impôt sur les bénéfices.

Le ratio **3** $$\frac{\text{immobilisations corporelles brutes} \times 100}{\text{total des immobilisations brutes}}$$

montre le poids de la production dans l'ensemble des immobilisations. Il est à calculer au niveau d'une entreprise.
Une variation de ce ratio consiste à ne prendre au dénominateur que les immobilisations brutes amortissables, ce qui élimine – par exemple – les terrains sans affectation (si un terrain est une aire de stockage ou de manutention, il y a lieu de ne pas les retirer).

Le ratio **4** $$\frac{\text{immobilisations brutes de production}}{\text{effectifs de production}}$$

est un ratio statistique. Quand le ratio monte, il est probable que la productivité s'améliore et, si le marché ne se développe pas beaucoup, les effectifs diminuent.

Le ratio **5** $$\frac{\text{investissements corporels par le bilan} \times 100}{\text{immobilisations corporelles brutes}}$$

indique un taux de renouvellement. Il est intéressant à suivre par catégorie d'immobilisations corporelles.

Le ratio **6** $\dfrac{\text{investissements par le bilan} \times 100}{\text{immobilisations nettes}}$

est semblable au ratio **5** mais les immobilisations nettes sont à « base fiscale ».

Le ratio **7** $\dfrac{\text{dotation aux amortissements} \times 100}{\text{chiffre d'affaires}}$

montre la **part d'amortissement dans les prix**. Ce ratio est en corrélation avec les effectifs, la qualité et les quantités.

Le ratio **8** $\dfrac{\text{immobilisations brutes de production} \times 100}{\text{total des immobilisations brutes}}$

Le ratio **9** $\dfrac{\text{immobilisations incorporelles} \times 100}{\text{total des immobilisations brutes}}$

Le ratio **10** $\dfrac{\text{immobilisations financières} \times 100}{\text{total des immobilisations brutes}}$

montrent le poids relatif des catégories d'immobilisations dans l'ensemble. Il est utile de faire des sous-catégories.

L'évolution de ces ratios doit être pertinente avec l'évolution du chiffre d'affaires par type de marché, par produits ou par domaines d'activités.

Cas n° 4 : AZEMAR

AZEMAR est une entreprise de remise en état de sites industriels spécialisée dans la démolition de friches industrielles plus ou moins polluées d'une part et, d'autre part, de nettoyages industriels de sites à rénover avant les travaux de second œuvre.
Ses clients sont des collectivités locales et de très grandes entreprises.
Elle obtient les marchés pratiquement dans tous les cas sur appel d'offres.
Chaque chantier comporte souvent des équipes de 20 à 30 personnes avec un matériel très spécialisé et lourd.
La vente des déchets de toutes sortes représente une ressource complémentaire importante de l'ordre de 15 % du chiffre d'affaires total.

Que peut-on penser de la situation des immobilisations par l'étude des ratios calculés à partir des informations données ?

En millions d'Euros (M€)
(chiffres arrondis)

	1998	31.12. 1998	1999	31.12. 1999	2000	31.12. 2000	2001	31.12. 2001
ÉLÉMENTS DE BILAN								
1 immobilisations brutes corporelles		15	+ 1	16	+ 9	25	+ 5	30
2 amortissements cumulés		13		12		14		17
3 immobilisations non amortissables		8	+ 2	10	–	10	–	10
4 immobilisations financières		–	–	–	–	–	+ 5	5
ÉLÉMENTS D'EXPLOITATION								
5 chiffre d'affaires hors TVA	50			56		70		90
6 dotation aux amortissements	4			1		2		3
EFFECTIFS (en nombre de salariés)		190		200		175		160

* Les solutions sont en annexes, page 227

3.5 Les ratios de gestion financière ont intérêt à être largement diffusés sur les tableaux de bord

Les ratios de gestion financière sont, en apparence, du ressort de la direction financière. En fait, les vendeurs, acheteurs, producteurs et techniciens sont souvent – pour une part – à l'origine des charges financières et il semble très intéressant que ces ratios soient diffusés sur les tableaux de bord avec des commentaires.

1   **ratio de frais financiers**
$$\frac{\text{frais financiers} \times 100}{\text{chiffre d'affaires}}$$

2   **ratio de frais commerciaux**
$$\frac{\text{frais financiers commerciaux} \times 100}{\text{chiffre d'affaires}}$$

3   **ratio de valeur ajoutée**
$$\frac{\text{frais financiers} \times 100}{\text{valeur ajoutée}[1]}$$

4   **ratio de charges financières** *
$$\frac{\text{charges financières} \times 100}{\text{résultat économique}[2]}$$

5   **ratio de dettes financières**
$$\frac{\text{charges financières des dettes financières}[3, 4] \times 100}{\text{dettes financières}}$$

6   **ratio de coûts des capitaux permanents**
$$\frac{\text{résultats distribués} + \text{charges des dettes financières}[3, 5] \times 100}{\text{capitaux permanents}}$$

7   **ratio de coût réel de l'endettement**
$$\frac{\text{charges financières des emprunts à court terme} \; (+ \text{coût des services bancaires de l'escompte})}{\text{moyenne des dettes à court terme}}$$

---

1. *Définir la valeur ajoutée : avec ou sans intérim ? (par exemple).*
2. *Résultat global avant impôts, provisions, amortissements, y compris les charges financières de toutes catégories.*
3. *Ne peuvent être calculés que par les services comptables.*
4. *Hors concours bancaire courant et autres dettes bancaires à court terme.*
5. *En cohérence avec l'exercice (par exemple résultats distribués de 2002 par rapport aux capitaux permanents, soit à fin 2002, soit au début de 2002, soit sur la moyenne).*

Nos commentaires

Le ratio **1** $\dfrac{\text{frais financiers} \times 100}{\text{chiffre d'affaires}}$

est à calculer – si possible – par trimestre. Il peut expliquer une baisse de résultat même si l'entreprise reste performante. Par ailleurs, il montre l'influence du coût de l'endettement sur l'évolution des prix.

Le ratio **2** $\dfrac{\text{frais financiers commerciaux} \times 100}{\text{chiffre d'affaires}}$

montre ce que coûtent les clients, soit par le crédit qu'on leur accorde, soit par leur négligence, soit par leur défaillance.
Ce ratio est indispensable à calculer et à diffuser au réseau commercial. Il peut être établi **par secteur** d'activité interne ou **par réseau** de vente.

Le ratio **3** $\dfrac{\text{frais financiers} \times 100}{\text{valeur ajoutée}}$

est intéressant si la valeur ajoutée est stable dans ses composantes (entreprise qui ne change pas de structure).

Le ratio **4** $\dfrac{\text{charges financières} \times 100}{\text{résultat économique}}$

montre quelle est la part du bénéfice potentiel qui est prélevée par les banques ou les tiers du fait des emprunts. Ce ratio démontre, parfois, que la plus grande part de la performance de l'entreprise sert à **rémunérer les capitaux** empruntés sous toutes les formes y compris le coût de l'escompte.

Le ratio **5** $\dfrac{\text{charges financières des dettes financières} \times 100}{\text{dettes financières}}$

montre le coût moyen des capitaux empruntés à long et moyen terme (dettes financières) et l'évolution de ce coût. Il est parfois utile de le comparer à l'évolution des taux bancaires.

Le ratio **6** $\dfrac{\text{résultats distribués + charges des dettes financières} \times 100}{\text{capitaux permanents}}$

montre le **coût des capitaux permanents** que l'on peut comparer aux taux pratiqués à la date de clôture de l'exercice.

Le ratio **7** $\dfrac{\begin{array}{c}\text{charges financières des emprunts à court terme} \\ \text{(+ coût des services bancaires de l'escompte)}\end{array}}{\text{moyenne des dettes à court terme}}$

montre le coût réel de l'endettement à court terme. Ce ratio, assez difficile à établir (au moins une fois par trimestre), fait ressortir des taux parfois surprenants.

Le rapprochement des ratios **6** et **7** (calculés soit par mois, soit par trimestre, soit par semestre) peut entraîner une remise en cause et une révision de la politique financière.

3.6 Pour les investisseurs, les épargants et la communication boursière, les ratios liés à la rentabilité sont essentiels

Tous les ratios des épargnants ou des investisseurs sont liés à la rentabilité. Le type de ces ratios est le suivant :

$$\frac{\text{résultat} \times 100}{\text{capital}}$$

Plusieurs remarques sont à faire :

- En principe, l'entreprise n'a pas à se soucier de la valeur de sa capitalisation boursière si elle n'a pas d'opérations à faire : fusion, absorption, achat, vente ; ou à subir : OPA, reprise.

  En fait, **l'entreprise s'intéresse au cours de ses actions** pour les raisons suivantes :

  ➥ image auprès du public et des organismes financiers,

  ➥ image auprès des épargnants dont on peut toujours avoir besoin,

➡ effet miroir qui consiste à savoir comment le marché réagit devant la gestion et le management,

➡ réaction du cours de Bourse face aux événements internes et externes.

• L'épargnant s'intéresse au **cours de l'action et au dividende** au singulier, alors que l'entreprise préfère utiliser les termes de « résultats distribués et capitaux propres » au pluriel[1].

• Les épargnants **évoquent des pourcentages** tandis que les professionnels parlent en « **indice de capitalisation** » (ou, en Price Earning Ratio)[2].

• Le numérateur est assez bien défini mais le dénominateur est souvent en perpétuelle évolution (capitalisation boursière).

• **Les grandes manœuvres** : fusion, OPA, OPV, prise de contrôle ou de participation, cessation d'activité partielle, « applications », viennent encore rendre plus techniques les bons vieux concepts de capital investi, sans compter les sociétés qui changent de nom ou qui augmentent le nombre d'actions.

• Lorsque le terme de dividende est mentionné, il faut déterminer si c'est le dividende payé ou le **dividende avoir fiscal compris** qui est pris en considération dans le calcul.

• **Les dates prises en considération** pour évaluer la capitalisation boursière (ou les périodes) ne sont pas normalisées.

On peut prendre la date du dernier jour du mois boursier, la moyenne du cours du dernier mois ou toute autre méthode qu'il y a lieu de définir quand on propose des ratios.

• En ce qui concerne les dividendes, il est souhaitable de prendre ceux **générés dans l'exercice** et de les reporter à la capitalisation boursière moyenne de décembre bien que ces dividendes soient payés en juin ou juillet de l'année suivante.

---

1. *Parfois, prendre en considération les actions à dividendes prioritaires, à double droit de vote, à dividendes majorés (souvent nominatives), etc.*

2. $PER = \dfrac{\text{cours de l'action}}{\text{bénéfice net/action}}$

Deux points de vue

Les ratios se calculent de deux façons (seulement pour les actions cotées) :

	l'investisseur épargnant rendement ou rentabilité	le professionnel indice de capitalisation
exemple[1]	$\dfrac{\text{bénéfice net par action} \times 100}{\text{cours moyen de l'action}}$	$\dfrac{\text{cours moyen de l'action}}{\text{bénéfice net par action}}$
expression →	*en pourcentage*	*en indice*
avantage	Les calculs en pourcentage sont dans la culture classique. Ça se conçoit bien.	Un chiffre, pas de pourcentage. Norme anglo-saxonne permettant des comparaisons et un langage commun entre les places.
inconvénient	Quand la Bourse baisse, le pourcentage calculé avec les dividendes de l'année passée, augmente mais... quand la Bourse monte, la rentabilité diminue.	Le concept est abstrait et peu assimilable par la masse des épargnants[2].
utilité	Comparer différentes actions à la même date et avec les mêmes méthodes d'évaluation (capitalisation boursière).	Un chiffre, pas de pourcentage. Norme anglo-saxonne permettant des comparaisons et un langage commun entre les places.
raisonnement	Plus ça monte, meilleur c'est (ce qui est peut-être une erreur, si c'est le cours qui s'effondre avant la diminution des dividendes).	Plus le ratio est faible, plus l'action est intéressante.

---

1. Il y a plusieurs façons de valoriser le numérateur et le dénominateur :
   • comment calculer la moyenne ?
   • dividendes avec ou sans avoir fiscal ?
   On peut prendre, aussi, d'autres formes de résultat ;
   on peut, aussi, prendre en référence la date de génération du dividende ou sa date de paiement.
2. Les épargnants individuels possesseurs d'actions ne représentent, en général, qu'entre 5 à 10 % du capital, donc sans grand pouvoir réel.

1	ratio de rentabilité des capitaux propres *	$$\frac{\text{dividendes} \times 100}{\text{capitaux propres (en fin d'exercice)}}$$
2	indice de capitalisation	$$\frac{\text{capitaux propres (en fin d'exercice)}}{\text{dividendes}}$$
3	ratio de répartition	$$\frac{\text{dividendes} \times 100}{\text{résultat}}$$
4	ratio de répartition	$$\frac{\text{dividendes} \times 100}{\text{capacité d'autofinancement}}$$
5	ratio de rentabilité pour les actionnaires *	$$\frac{\text{dividendes} \times 100}{\text{capitalisation boursière}}$$
6	ratio de rentabilité pour les actionnaires	$$\frac{\text{dividende unitaire} \times 100}{\text{valeur boursière de l'action}}$$
7	indice de capitalisation	$$\frac{\text{valeur boursière de l'action}}{\text{bénéfice net/action}}$$
8	ratio de rentabilité théorique	$$\frac{(\text{plus-value} + \text{dividende}) \times 100}{\text{valeur boursière de l'action}}$$
9	ratio de rentabilité historique	$$\frac{\text{dividendes} \times 100}{\text{coût d'achat de l'action}}$$
10	ratio de rentabilité historique amélioré	$$\frac{\text{dividendes} \times 100}{\substack{\text{cours de l'action le jour de l'achat corrigé} \\ \text{par l'indice des prix à la consommation}^{1}}}$$

---

1. Ou taux moyen de hausse des prix.

11	rentabilité théorique du capital	$$\frac{\text{dividendes distribués} \times 100}{\text{capital social}}$$
12	rentabilité du capital investi	$$\frac{\text{dividendes distribués}[1] + \text{plus-value de l'action}[2] + \text{avoir fiscal} \times 100}{\text{cours moyen de l'action au cours de l'exercice}[3]}$$

Tous ces ratios peuvent ête calculés par les PME ou les entreprises non cotées. Il faut, alors, évaluer la valeur intrinsèque de l'action, ou la valeur de cession théorique de l'entreprise.

Nos commentaires

Le ratio **1** $\dfrac{\text{dividendes} \times 100}{\text{capitaux propres (en fin d'exercice)}}$

est classique et bien défini.
On peut prendre la moyenne des capitaux propres et la ramener à une action.

Le ratio **2** $\dfrac{\text{capitaux propres (en fin d'exercice)}}{\text{dividendes}}$

est l'inverse du ratio **1** dans la mouvance des PER, c'est-à-dire des indices de capitalisation. En général, ces ratios sont ramenés à une action.

Le ratio **3** $\dfrac{\text{dividendes} \times 100}{\text{résultat}}$

est un ratio d'information pour illustrer une **politique de distribution** aux actionnaires.

---

1. *Par exemple, le 15 juin 2002.*
2. *Calculs à faire. Plus-values ou moins-values à quoi il faut ajouter l'économie procurée par les dividendes payés en actions (ramenée à une action !).*
3. *En principe, addition de 12 valeurs de fin de mois boursier divisées par 12.*

Le ratio **4** $\dfrac{\text{dividendes} \times 100}{\text{capacité d'autofinancement}}$

a la même signification que le précédent mais indiqué en pourcentage plus petit ; ça peut être intéressant en fonction de ce que l'on veut démontrer.

Le ratio **5** $\dfrac{\text{dividendes} \times 100}{\text{capitalisation boursière}}$

est destiné aux actionnaires, en général pour montrer l'effort consenti vis-à-vis d'eux, surtout si une part du capital est détenue par plusieurs banques.

Le ratio **6** $\dfrac{\text{dividende unitaire} \times 100}{\text{valeur boursière de l'action}}$

est le même que le précédent, ramené à une action.

Le ratio **7** $\dfrac{\text{valeur boursière de l'action}}{\text{bénéfice net/action}}$

est un indice de capitalisation.
Plus ce ratio est élevé, plus les capitaux sont attirés par un secteur porteur promis à un bel avenir.

Le ratio **8** $\dfrac{(\text{plus-value} + \text{dividende}) \times 100}{\text{valeur boursière de l'action}}$

concerne une rentabilité théorique tant qu'on ne vend pas l'action.
Par contre, le résultat du calcul peut inciter à vendre l'action avant que le ratio diminue[1].

Le ratio **9** $\dfrac{\text{dividendes} \times 100}{\text{coût d'achat de l'action}}$

est un ratio historique en général sans intérêt après trois ans.

---

1. *La détermination des plus-values doit tenir compte de la distribution d'actions gratuites.*

Le ratio **10**
$$\frac{\text{dividendes} \times 100}{\text{cours de l'action le jour de l'achat corrigé par l'indice des prix à la consommation}}$$

est un ratio historique amélioré qui peut servir d'argumentation à un banquier pour vendre des actions à un néophyte.

Le ratio **11**
$$\frac{\text{dividendes distribués} \times 100}{\text{capital social}}$$

est à proscrire et sans le moindre intérêt étant donné que le capital (dit encore social) est historique.

Le ratio **12**
$$\frac{\text{dividendes distribués} + \text{plus-value de l'action} + \text{avoir fiscal} \times 100}{\text{cours moyen de l'action au cours de l'exercice}}$$

est certainement intéressant à calculer pour un épargnant mais les informations nécessaires sont difficiles à traiter. Ce ratio est calculé par les banques et les organismes financiers après avoir fait toutes les corrections et avoir apporté des précisions pour déterminer le cours moyen de capitalisation sur un exercice.

Ce ratio serait très intéressant (mais pratiquement impossible) à calculer en prévisionnel.

Cas n° 5 : THÈME DE RÉFLEXION

Voici cinq actions cotées en Bourse.
Vous avez 3 000 Euros à placer sur une seule action.
Laquelle choisissez-vous ?

En Euros

	cours au 31.12.2001	dividende net payé en 2001	secteur d'activité	$\dfrac{\text{dividende} \times 100}{\text{cours de l'action}}$
A	58	1,50	grande distribution	$\dfrac{1,50}{58} = 2,58\%$
B	12	0,48	métallurgie	$\dfrac{0,48}{12} = 4,00\%$
C	18	2,20	communication	$\dfrac{2,20}{18} = 12,22\%$
D	78	3,40	produits de luxe	$\dfrac{3,40}{78} = 4,36\%$
E	93	1,75	banques-assurances	$\dfrac{1,75}{93} = 1,88\%$

* Les solutions sont en annexes, page 230

L'essentiel...

Les ratios financiers sont souvent utilisés par la presse, par les analystes et ceux qui s'intéressent à la Bourse.
Ces ratios sont établis, diffusés et contrôlés par les directions financières qui en font un usage tant interne qu'externe.

Ces ratios de communication financière – plus que de gestion pour la plupart – sont utilisés tant dans les grandes que dans les petites entreprises.

Ils sont souvent des constats d'un passé récent et servent à justifier une évolution dans un futur assez proche.

Rappel des ratios principaux :

(indépendance financière) $\dfrac{\text{capitaux propres}}{\text{dettes financières}}$ page 102

$\dfrac{\text{autofinancement} \times 100}{\text{investissements de l'exercice}}$ page 107

$\dfrac{\text{investissements de l'exercice} \times 100}{\text{chiffre d'affaires HT}}$ page 110

$\dfrac{\text{dotation aux amortissements} \times 100}{\text{valeur brute des immobilisations amortissables}}$ page 115

$\dfrac{\text{charges financières} \times 100}{\text{résultat économique}}$ page 119

$\dfrac{\text{dividendes} \times 100}{\text{capitaux propres}}$ page 124

$\dfrac{\text{dividendes} \times 100}{\text{capitalisation boursière}}$ page 125

4 LES RATIOS D'EXPLOITATION PERMETTENT DE MESURER L'ACTIVITÉ ET SON ÉVOLUTION

4.1 La valeur ajoutée, solde intermédiaire de gestion

La valeur ajoutée est l'un des soldes intermédiaires de gestion. À ce titre, elle donne une **forme de résultat** mais c'est aussi une forme d'activité. Il s'agit de la valeur ajoutée par l'entreprise à des éléments venus de l'extérieur (consommations de biens intermédiaires venant des autres entreprises).

C'est la somme des valeurs ajoutées des entreprises qui constitue la production intérieure brute (et non la somme des chiffres d'affaires). La valeur ajoutée est un agrégat particulièrement intéressant en économie générale. Il s'agissait d'un concept intéressant pour les entreprises des années 50, quand les constituants de la valeur ajoutée étaient stables et que la séparation entre les activités extérieures et intérieures à l'entreprise était bien distincte.

En 2002, on loue du personnel (facture), on sous-traite, on reprend la fabrication, on confie du travail à domicile et on paie, parfois, en honoraires des cadres conseils qui, en fait, se conduisent comme de vrais salariés. Enfin, il n'est pas rare de voir une entreprise qui délocalise une partie de sa production dans le Sud-Est asiatique ou en Afrique.

De ce fait, **la valeur ajoutée n'est plus un critère stable** et les ratios calculés à partir de cet agrégat peuvent devenir sans signification.

En général, ce n'est pas parce qu'un ratio établi à partir de la valeur ajoutée monte ou descend que l'entreprise va bien ou va mal. Les fortes variations de ces ratios incitent à se poser des questions sur la structure de l'entreprise.

La valeur ajoutée peut faire l'objet d'un graphique d'évolution dans un tableau de bord en indiquant les raisons de changement de pente de la courbe.

L'évolution de la valeur ajoutée peut, aussi, être calculée d'une façon classique par le ratio :

$$\frac{VA\ (N-1) - VA\ (N)}{VA\ (N)}$$

4.2 Les principaux ratios d'exploitation sont des ratios d'information

Ces ratios – au niveau de l'entreprise, d'un centre de profit ou d'une unité décentralisée – sont calculés à partir du compte de résultat et du compte de résultat analytique.

Les postes du compte de résultat sont soit contrôlés en indices de progression avec une base 100 à N – 3 en général, soit calculés par postes regroupés par rapport au total (100 %) ; cette méthode est également valable pour le bilan. Ce sont surtout des ratios d'information.

Ils peuvent être exprimés soit en pourcentages, soit en indices, soit en écarts de progression d'une année sur l'autre. En principe, ces ratios ne font intervenir ni les résultats ni les effectifs[1].

1	**ratio du poids des achats**	$\dfrac{\text{achats} \times 100}{\text{consommation}}$
2	**ratio de stockage de la production**	$\dfrac{\text{production stockée}^2 \times 100}{\text{production totale}^2}$
3	**ratio d'effort d'investissement interne**	$\dfrac{\text{production immobilisée}^2 \times 100}{\text{production totale}^2}$
4	**ratio du poids des salaires** *	$\dfrac{\text{masse salariale}^3 \times 100}{\text{production totale}^2}$
5	**ratio de sous-traitance**	$\dfrac{\text{sous-traitance} \times 100}{\text{production totale}^2}$
6	**ratio du poids des produits exceptionnels**	$\dfrac{\text{produits exceptionnels} \times 100}{\text{produits totaux}}$

---

* *Indispensable à connaître.*

1. *À moins d'adopter une autre classification, ce qui ne présente aucun inconvénient.*
2. *S'assurer de la cohérence des coûts. Voir schéma page 158.*
3. *Y compris toutes charges sociales.*

7	ratio d'évolution des frais financiers	$\dfrac{\text{produits financiers} \times 100}{\text{produits totaux}}$
8	ratio de partenariat	$\dfrac{\text{opérations faites en commun} \times 100}{\text{total des charges d'exploitation}}$

Nos commentaires

Le ratio **1** $\quad \dfrac{\text{achats} \times 100}{\text{consommation}}$

permet de contrôler la régulation des achats. En principe, ce ratio doit être constant ou à évolution lissée dans la plupart des cas. Avec ce ratio, il **faut analyser l'évolution du stock amont.**

Le ratio **2** $\quad \dfrac{\text{production stockée} \times 100}{\text{production totale}}$

montre des **dérives** de surstockage ou, au contraire, de sous-stockage. Il est à calculer deux à quatre fois par an.

Le ratio **3** $\quad \dfrac{\text{production immobilisée} \times 100}{\text{production totale}}$

permet de mesurer l'**effort d'investissement** fait par l'entreprise elle-même.

Le ratio **4** $\quad \dfrac{\text{masse salariale} \times 100}{\text{production totale}}$

explique l'évolution de la robotisation ou de la **productivité.**

Le ratio **5** $\quad \dfrac{\text{sous-traitance} \times 100}{\text{production totale}}$

est très important dans son évolution. Il y a lieu de vérifier les conditions de la sous-traitance (ou du façonnage), en particulier hors de l'Europe communautaire.

Le ratio **6** $\dfrac{\text{produits exceptionnels} \times 100}{\text{produits totaux}}$

est toujours important. Il faut analyser les causes de son évolution et savoir si son importance n'est que passagère. En principe, ce ratio est complètement différent d'un exercice à l'autre quant au résultat de son calcul.

Le ratio **7** $\dfrac{\text{produits financiers} \times 100}{\text{produits totaux}}$

peut montrer une **dérive vers la finance**. Lorsque la vocation de l'entreprise est industrielle, les produits financiers ne doivent pas, par principe, être pléthoriques encore que l'entreprise ne puisse pas négliger une bonne rémunération de ses capitaux.

Le ratio **8** $\dfrac{\text{opérations faites en commun} \times 100}{\text{total des charges d'exploitation}}$

peut être intéressant dans les entreprises qui réalisent ensemble un même marché (souvent en BTP) ou participent à une même activité.

5 LES RATIOS DE GESTION SERVENT AU PILOTAGE DE L'ENTREPRISE

Sous ce terme, on regroupe souvent trois types de ratios (stocks, clients et fournisseurs) qui présentent des points communs quant à leur établissement, leurs calculs et l'analyse à en faire.

➥ Ce qu'il y a lieu de faire :

- tenir compte de l'**importance de l'entreprise** et ne pas confondre le marchand de pizzas et la multinationale,
- rendre **cohérents** le numérateur et le dénominateur en prenant les mêmes unités et les mêmes catégories (achats et stocks par exemple) pendant les mêmes périodes,

- détailler ces ratios en autant de postes qu'il ressort des **besoins de gestion** et de contrôle. Il faut détailler jusqu'au niveau de décisions utiles et de responsabilités réelles,
- calculer ces ratios **plusieurs fois par an,** parfois tous les mois mais rarement plus fréquemment,
- avoir des **règles constantes** et rigoureuses d'établissement et de calcul, par exemple ne pas mélanger des créances ou des dettes avec des TVA différentes ou hors TVA (exportations hors communauté),
- **segmenter** en fonction des besoins et non par dogme : il est, par exemple, inutile de séparer les clients étrangers si le chiffre d'affaires à l'exportation est de 0,8 % du total,
- choisir des **logiciels nécessaires et suffisants** mais souples et permettant des adaptations en fonction des besoins prévisibles,
- bien préciser dans le **tableau de bord** les modes d'établissement, les prévisions, les écarts, les cassures et les explications,
- **supprimer des ratios de détails devenus inutiles.**

➥ **Ce qu'il ne faut pas faire :**
- faire des diffusions de ces ratios une seule fois par an avec retard mais, évidemment, avec une précision aussi réelle et vraie qu'inutile,
- prendre la masse des dettes fournisseurs, la masse des stocks et la masse des créances sur clients : ces ratios « de masse » n'ont aucune signification, même pas pour se faire une vague idée de leur importance,
- communiquer tous les ratios à tout le monde en pensant que chacun retrouvera les siens : ce serait une source de pagaille,
- négliger les taxes sur les achats et le chiffre d'affaires en se disant que ça a peu d'importance sur l'évolution du ratio (ce qui est complètement faux).

5.1 Le crédit client demande des calculs complexes

Le calcul du crédit client est une opération complexe. Il est souvent nécessaire de le décomposer par familles de produits ou familles de clients ou par activités, et de bien séparer les clients français de la Communauté européenne et des autres pays[1].

---

1. *La Communauté européenne doit être considérée comme un marché intérieur surtout pour les pays qui ont adopté l'Euro. Il y a lieu (parfois) d'isoler dans ces ratios, les clients européens de la zone Euro et les clients européens « non Euro ».*

Ces ratios doivent être calculés plusieurs fois par an et ne peuvent être établis à partir des seules informations publiées : il est nécessaire d'avoir les documents et les comptes détaillés de la comptabilité. **L'organisation informatique doit répondre aux besoins des gestionnaires.**

La formule générale permettant de calculer le crédit moyen consenti aux clients appelle les précisions suivantes :

➡ Le dénominateur représente le chiffre d'affaires **taxes comprises**[1].

➡ Les créances sur les clients au numérateur comprennent :
- les postes **clients à l'actif,**
- les **effets à recevoir** à caractère commercial,
- et les **traites remises à l'escompte, non échues.**

Il y a lieu d'inclure au numérateur les traites remises à l'escompte si l'on cherche à connaître le crédit moyen accordé aux clients car c'est l'entreprise qui en est l'initiatrice. Par contre, si l'on recherche le délai moyen de récupération des créances, il ne faut pas les inclure. Il y a là une différence de langage et de préoccupations entre la fonction commerciale et la fonction financière.

La diffusion de ces ratios dans les tableaux de bord doit se faire avec discernement soit en vue d'une information, ce qui ne présente pas beaucoup d'intérêt, soit pour déclencher des actions correctives de la part des responsables commerciaux, des financiers et du contrôleur de gestion.

Parfois, il est intéressant de calculer le crédit client par représentant (ou par réseau, ou par agence). En effet, on s'aperçoit que le chiffre d'affaires augmente péniblement, que les marges diminuent, même avant les frais financiers, mais que les commissions des représentants versées en fonction du chiffre d'affaires augmentent... en même temps que les crédits accordés aux clients.

---

1. *Le chiffre d'affaires TTC par catégories de clients ou par régions ou par tout autre critère ne peut être retrouvé qu'à l'aide des services comptables. Les procédures informatiques doivent prendre en compte ce besoin.*

BILAN

actif   passif

Il est intéressant de connaître l'état des créances tous les mois et de les rapporter aux ventes des 12 derniers mois

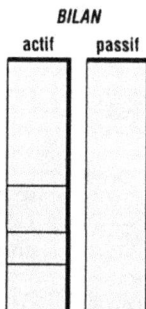

Ce schéma montre où se trouvent les éléments de calcul mais les documents de synthèse publiés ne peuvent suffire à établir des ratios de gestion, c'est-à-dire à engager des décisions et des actions.

hors bilan :
traites remises à
l'escompte non
échues

créances sur les clients, TTC

effets à recevoir, TTC

COMPTE DE RÉSULTAT

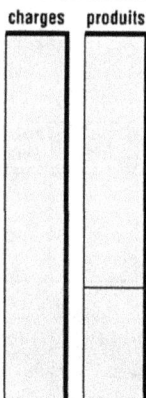

charges   produits

Les catégories de chiffre d'affaires doivent être absolument cohérentes avec les créances correspondantes.

chiffre d'affaires hors taxes

- *ajouter la TVA*
- *attention aux taux différents*

❶ séparer :
- France,
- Europe communautaire,
- autres pays.

❷ chiffre d'affaires :
- par catégorie de clients,
- par réseau,
- par marché,
- etc.

autres produits (déchets, produits annexes, financiers, exceptionnels, etc.)

Principes de calcul

ratio de crédit clients *	créances sur les clients + efffets à recevoir à caractère commercial chiffre d'affaires TTC journalier[1]
ratio de temps de récupération des créances[2]	créances sur les clients + effets à recevoir à caractère commercial + traites remises à l'escompte non échues chiffre d'affaires TTC journalier[1]

*   *Indispensable à connaître.*

1. *Les calculs peuvent se faire en nombre de jours, sans décimales, base 360 jours par an, ce qui est le plus fréquent, ou en nombre de semaines ou de mois (avec décimales).*
2. *Le délai de récupération des créances peut s'allonger un peu à cause d'un client retarda-taire mais, aussi, par des lenteurs administratives et bancaires de toutes sortes, surtout à l'exportation.*

Le calcul du crédit client peut être réalisé à partir de calculs différents.

$$\frac{\text{en-cours clients}}{\text{chiffre d'affaires journalier (TTC)}}$$

par catégorie de clients.

$$\frac{\text{créances sur clients + factures TTC à établir + effets escomptés non échus}}{\text{chiffre d'affaires journalier (TTC)}}$$

ce ratio tend à se faire peur.
Les clients ne sont pas responsables de factures qu'ils n'ont pas reçues.

$$\frac{\text{créances sur clients + effets à recevoir + effets escomptés non échus}}{\text{chiffre d'affaires TTC – avances et}}$$
acomptes reçus TTC) × 12 ou 52 ou 360

cette précaution est à prendre quand le chiffre d'affaires TTC comprend des avances et des acomptes déjà reçus.

	France	Communauté Européenne	Pays développés	Autres pays	2 ...
pour les créances et le chiffre d'affaires, on peut isoler les clients ... ... importants ... sur devis ... par produit ... par zone et secteur ... par réseau et agence ... 1					

5.2 Le crédit fournisseur demande, aussi, des calculs complexes

Le calcul du crédit fournisseur est une opération plus complexe qu'on ne le pense. Il est souvent nécessaire de le décomposer par familles de produits ou par familles de fournisseurs et par unités de gestion. Ils doivent être

---

1. *Il est souvent utile de ne pas prendre en compte dans ces ratios, les clients très importants sur contrat ou en flux continus dont les conditions de paiement sont régulières. Ce qui importe dans le crédit client, c'est la variabilité du ratio pour s'en servir de clignotant. Si l'on mélange des gros clients réguliers avec des petits clients plus ou moins mauvais payeurs, on ne verra pas l'ampleur des écarts.*
2. *Dans certaines entreprises, il est utile de séparer les États-Unis et les pays du Sud-Est asiatique.*

calculés plusieurs fois dans l'année. Ils ne peuvent être établis à partir des seules informations publiées. **Les services comptables et l'informatique doivent être organisés en vue de répondre aux besoins de gestion.** De plus, il est nécessaire d'avoir les achats taxes comprises (dénominateur du ratio).

Ces ratios doivent faire partie du tableau de bord des services approvisionnements.

Au numérateur, il y a lieu de cumuler les dettes aux **fournisseurs d'exploitation** et les effets à payer se rapportant à cette catégorie de fournisseurs. Pour ne pas fausser le ratio, il est indispensable de ne prendre en considération ni les dettes aux fournisseurs de biens d'équipement (immobilisations) ni les dettes aux fournisseurs de services divers[1]. En effet, un ratio comparant les **achats d'exploitation** et les dettes d'une autre nature deviendrait incohérent ; les délais de règlement étant souvent fort différents.

On peut – si c'est vraiment utile – calculer les ratios de crédit fournisseur par catégorie, étant entendu qu'il faut une cohérence absolue entre le numérateur et le dénominateur ; ce qui nécessite une organisation rigoureuse de saisie et de traitement des informations.

La séparation entre fournisseurs français et étrangers peut s'avérer utile à cause des régimes fiscaux différents et des méthodes de crédit fort diverses.

---

1. *Le règlement de fournisseurs de services divers – eau, fluides divers, énergie, fournitures peu importantes – sont souvent réglées comptant ou à 30 jours. Si on les prends en compte dans un ratio global, on fausse la « réalité utile » des ratios de crédit fournisseurs.*

	France	Communauté européenne	Pays développés	Autres pays	...
fournisseurs principaux[1] fournisseurs en flux continu fournisseurs de services (fluides, télécom, eau, électricité, etc.) sous-traitants et façonniers honoraires (commissaires aux comptes, conseils, formation, etc.) fournisseurs de biens d'équipement[2]					

BILAN

Ce schéma montre où se trouvent les éléments de calcul mais les documents de synthèse publiés ne peuvent suffire à établir des ratios de gestion, c'est-à-dire à prendre des décisions et à engager des actions.

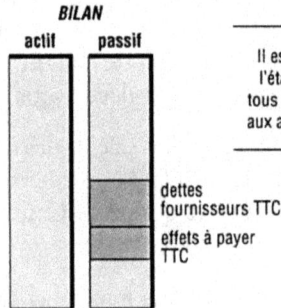

actif   passif

dettes fournisseurs TTC

effets à payer TTC

Il est intéressant de connaître l'état des dettes fournisseurs tous les mois et de les rapporter aux achats des 12 derniers mois

---

1. En général, le crédit fournisseur est à calculer en dehors des très gros fournisseurs alimentant une entreprise en continu et sur contrats de longue durée.
2. Il y a lieu d'éliminer du calcul du ratio de crédit fournisseur les commandes exceptionnelles et très importantes ayant fait l'objet de clauses spéciales et non renouvelables de paiement.

COMPTE DE RÉSULTAT

charges   produits

- ajouter la TVA
- attention aux taux différents

achats hors taxes

Les catégories de dettes doivent être strictement cohérentes avec les catégories d'achats.

- sous-traitance à part
- charges d'électricité, d'eau, de fluides à séparer
- isoler les honoraires
- séparer les achats en provenance de :
  – France,
  – Union européenne,
  – Autres pays.

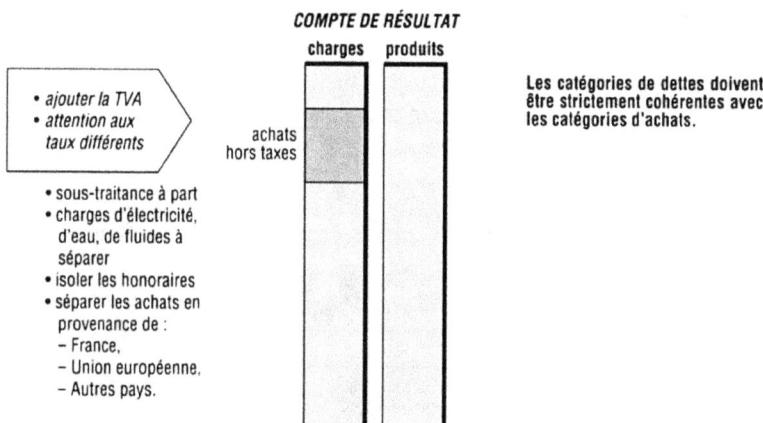

Principe de calcul

ratio de crédit fournisseurs *	$\dfrac{\text{dettes aux fournisseurs} + \text{effets à payer aux fournisseurs}}{\text{achats TTC journaliers}^{1,2}}$

5.3 Les ratios utiles à la gestion des stocks

Les ratios de stocks exprimés en termes de rotation ou d'écoulement mettent en jeu des facteurs dont la **cohérence doit être rigoureuse et les définitions constantes.**

La décomposition ci-dessous montre la nécessité de contrôler les stocks par catégorie et non sur la masse.

---

* *Indispensable à connaître.*

1. *Les calculs peuvent se faire en nombre de jours, sans décimale, base 360 jours par an, ce qui est le plus fréquent, ou en nombre de semaines ou de mois (avec décimales).*
2. *Dans certains cas, il faut déduire des achats TTC le montant TTC des avances et acomptes consentis dans la mesure où ils n'ont pas été déduits sur les factures fournisseurs. Cette précaution est importante dans les grandes entreprises travaillant sur devis pour des marchés complexes.*

Dans certaines entreprises, petites, moyennes ou de services, la décomposition ci-dessous est, parfois, trop importante. Par contre, dans certaines entreprises touchant à plusieurs métiers de base ou de production complexe, il est probable que cette décomposition s'avère insuffisante ; en particulier, en ce qui concerne les stocks de produits finis.

Dans certaines entreprises de services, les prestations en cours peuvent faire l'objet d'un contrôle fréquent, éventuellement par des contrôleurs de gestion spécialistes des en-cours.

stocks amont	marchandises à revendre en l'état[1] matières premières pièces détachées matières consommables fournitures de production et d'entretien fournitures de bureaux emballages etc.	**valorisation des achats et des stocks :** évaluation en prix d'achat et frais d'approvisionnements[2]
stocks aval	semi-finis, produits intermédiaires travaux en cours prestations en cours[3] produits finis rebuts et déchets[4] etc.	**valorisation de la production et des stocks :** évaluation en coût de production ou en coût de revient[5]

---

1. *Entreprises commerciales.*
2. *Évaluation habituelle. D'autres méthodes d'évaluation peuvent être adoptées pourvu que le numérateur et le dénominateur soient cohérents.*
3. *Ratio souvent très important à contrôler dans les entreprises de services.*
4. *Dans certaines entreprises, ce poste peut être important (métaux précieux, métaux récupérables, déchets réutilisables en sous-produits, etc.).*
5. *Ou toute autre forme de coût à condition de respecter les impératifs de cohérence et de constance des calculs. Voir schéma page 158.*

BILAN D'OUVERTURE

actif   passif

stocks
par
catégorie
• marchandises
• matières
• semifinis
• en-cours
• produits finis

BILAN DE CLÔTURE

actif   passif

stocks
par
catégorie

COMPTE DE RÉSULTAT

charges   produits

matières premières consommées

chiffre d'affaires

R

COMPTE DE RÉSULTAT ANALYTIQUE

charges   produits

coût de revient de la production immobilisée et stockée

coût de revient des ventes

production stockée
production immobilisée

ventes

R

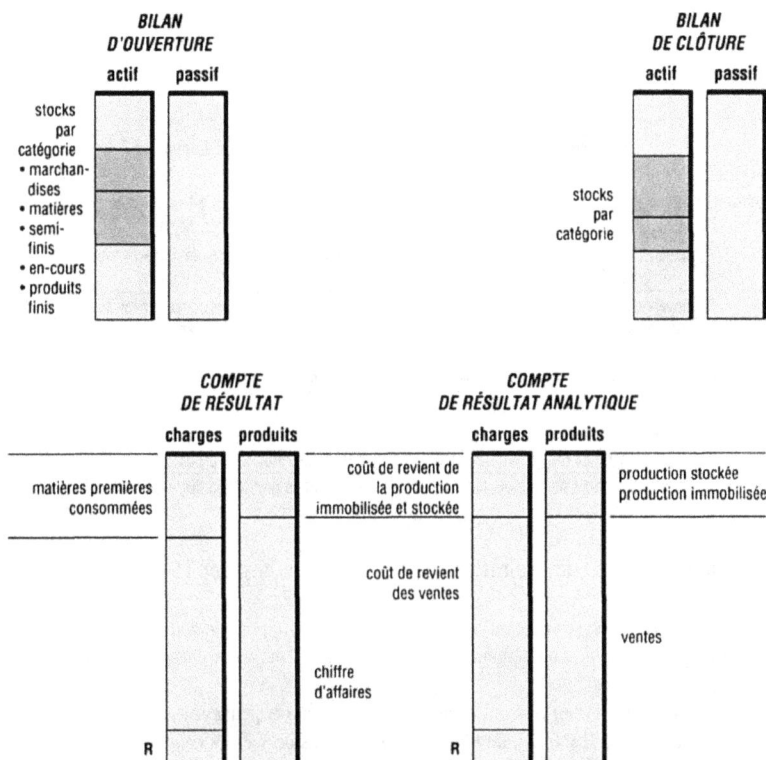

Principes de calcul

ROTATION combien de fois « ça tourne » au cours d'une période ? *	$\dfrac{\text{consommation d'une période}^{1}}{\text{stock moyen de la période}}$
ÉCOULEMENT[1] pour combien de temps y-a-t-il du stock ?	$\dfrac{\text{stock moyen de la période}}{\text{consommation d'une période}^{1}}$

* Indispensable à connaître.

1. Les calculs peuvent se faire en nombre de jours, sans décimale, base 360 jours par an, ce qui est le plus fréquent ou en nombre de semaines ou de mois avec décimale.
La consommation d'une période sera, alors, évaluée en consommation journalière, trimestrielle ou mensuelle.

Les ratios

Cette page ne comporte que quelques exemples. Les ratios de gestion de stock doivent, souvent, être beaucoup plus décomposés et calculés fréquemment.

rotation[1, 2, 3]	temps d'écoulement [4, 5, 2, 3]
combien de fois le stock se renouvelle-t-il par période ?	pour combien de temps a-t-on de stock disponible ?
$\dfrac{\text{matières premières consommées au cours d'une période}^{[6, 7]}}{\text{moyenne des stocks de matières premières de la même période}}$	$\dfrac{\text{moyenne des stocks de matières premières} \times 12 \ (52 \text{ ou } 360)}{\text{matières premières consommées au cours d'une année}}$
$\dfrac{\text{coût de production des ventes de l'année}^{[3]}}{\text{moyenne des stocks d'en-cours}}$	$\dfrac{\text{moyenne des stocks d'en-cours} \times 12 \ (52 \text{ ou } 360)}{\text{coût de production des ventes de l'année}^{[3]}}$
$\dfrac{\text{coût de production des ventes de l'année}^{[3, 8]}}{\text{moyenne des stocks de produits finis}}$	$\dfrac{\text{moyenne des stocks de produits finis} \times 12 \ (52 \text{ ou } 360)}{\text{coût de production des ventes de l'année}^{[8]}}$

Pour la cohérence de ces ratios, voir schéma de la page 158.

1. *Par période : mois, semaine ou année. Au numérateur, la période doit correspondre à celle prise en considération au dénominateur pour établir la moyenne entre le début et la fin de la période.*
2. *Ces trois ratios ne sont que des exemples. Tous les stocks peuvent être contrôlés avec des ratios de ce type. Il y a lieu de bien vérifier que les stocks et les coûts ou consommations recouvrent exactement les mêmes rubriques.*
3. *Les stocks d'en-cours et de produits finis doivent être évalués au même stade d'élaboration des coûts que les coûts de production (cohérence) en évitant de tout calculer en coûts de revient complets.*
4. *Les formules sont indiquées ici pour un calcul par mois. Pour avoir le temps d'écoulement en trimestre, il faudrait multiplier par 4. De même, pour avoir le temps d'écoulement en semaines, il faudrait multiplier par 52 et pour avoir le temps d'écoulement en jours, il faudrait multiplier par 360 ou en nombre de jours ouvrables de l'entreprise.*
5. *Les chiffres qui ressortent des calculs correspondent à des mois ou des semaines ou des dixièmes de mois ou de semaine après la virgule.*
6. *Si ce calcul est fait tous les mois, on prend en référence la moyenne des 12 derniers mois.*
7. *Il est préférable de prendre les matières consommées et non les achats.*
8. *Certains gestionnaires – pour des raisons de facilité – prennent le chiffre d'affaires hors taxes au lieu de la production. Il faut que le numérateur et le dénominateur soient cohérents, or le chiffre d'affaires comprend les coûts de distribution et des marges alors que les coûts de production n'en comprennent pas. Il faut éliminer des coûts de production, ceux relatifs à la production stockée et à la production immobilisée.*

5.4 Le ratio de l'actif circulant est particulièrement important dans la distribution

On peut assimiler l'actif circulant à un stock : stocks + « stocks » de créances + « stocks » de disponibilités.

Ce ratio est particulièrement important dans les **entreprises de distribution** ou de commerce alimentaire ou autres. Il est nécessaire de le contrôler plusieurs fois par an surtout si l'entreprise a une activité saisonnière.

L'analyse de l'évolution – par exemple trimestrielle – de ce ratio nécessite de connaître la masse de l'actif circulant quatre fois par an.

Plus ce ratio est élevé, plus l'actif « tourne » rapidement, ce qui est un signe de bonne gestion ou, tout au moins, un facteur favorable.

À partir de ces éléments, on peut établir une corrélation avec d'autres éléments ou d'autres ratios pour prendre, éventuellement, des décisions ou les utiliser comme base de réflexion pour le prochain exercice budgétaire.

Exemple d'un commerce d'articles de sport avec une faible – mais réelle – saisonnalité.

TR = trimestre CA = chiffre d'affaires	A.cir = actif circulant *tous chiffres arrondis*		*TR 1*	*TR 2*	*TR 3*	*TR 4*	*année*
trimestre	actif circulant (moyenne du trimestre) chiffre d'affaires (90 jours)		20 110	26 108	22 121	28 130	
	rotation dans le trimestre	$\dfrac{CA}{A.cir}$	5,5	4,1	5,5	4,6	
	nombre de jours	$\dfrac{A.cir \times 90}{CA}$	16 jours	22 jours	16 jours	19 jours	
année	actif circulant (moyenne annuelle)	$\dfrac{20+26+22+28}{4}$					24
	chiffre d'affaires annuel (360 jours)	110 + 108 + 121 + 130					469
	rotation de l'actif circulant dans l'année	$\dfrac{CA}{A.cir}$					19,5
	nombre de jours	$\dfrac{A.cir \times 360}{CA}$					18 jours

6 UNE BONNE GESTION DE LA FISCALITÉ EST UN IMPÉRATIF

La fiscalité est un domaine de gestion d'autant plus important que les lois de finances (votées lors du budget) modifient souvent profondément les bases et les taux des impôts.

Si l'on ne peut conseiller de frauder le fisc comme présentant trop de risques pour l'entreprise, on peut affirmer qu'**il est impératif pour tout manager de payer le moins d'impôts et de taxes possible dans le cadre de la légalité. C'est un impératif de bonne gestion.**

Les ratios de fiscalité auxquels on peut ajouter les ratios de charges sociales obligatoires sont peu nombreux et se situent surtout au niveau de l'entreprise dans sa globalité. Ce sont des ratios d'information qui permettent parfois d'expliquer des dérives de coûts, de performances ou de prix.

Dans certains cas, ces ratios permettent de faire quelques économies d'implantation ou d'embauche. Dans d'autres cas, les ratios de fiscalité peuvent inciter les entreprises à délocaliser leur activité ou à modifier leurs structures par comparaison avec des ratios des autres pays ou des autres professions.

La variabilité (et parfois la soudaineté) des impôts contrarie la gestion budgétaire. C'est un inconvénient. Dans les tableaux de bord, il est bien difficile de tracer des courbes prévisionnelles en face des ratios cités.

La quasi-totalité de ces ratios est utile aussi bien dans les PME que dans les multinationales.

1	ratio de comparaison internationale	$$\dfrac{\text{impôt sur le bénéfice}[1] \times 100}{\text{performance économique}[2]}$$
2	ratio de taxe professionnelle	$$\dfrac{\text{taxe professionnelle} \times 100}{\text{chiffre d'affaires}}$$

---

1. *Sans tenir compte de la date de paiement mais en prenant en compte celle de l'exercice générateur d'impôt.*
2. *Capacité d'autofinancement + impôt + charges financières à long terme + participation des salariés (conservée dans l'entreprise).*

3	autre ratio de taxe professionnelle	$$\dfrac{\text{taxe professionnelle}}{\text{effectif moyen}}$$
4	ratio de taxes fiscales et parafiscales	$$\dfrac{\text{taxes locales et nationales } (\textit{hors taxe professionnelle}) \times 100}{\text{chiffre d'affaires}}$$
5	ratio de charges sociales	$$\dfrac{\text{charges sociales obligatoires } (\textit{patronales et salariales}) \times 100}{\text{masse salariale}}$$
6	autre ratio de charges sociales	$$\dfrac{\text{charges sociales obligatoires}^{1}}{\text{effectif}^{2}}$$
7	ratio de charges de gestion fiscale	$$\dfrac{\text{coût des services fiscaux de l'entreprise}^{3} \times 100}{\text{chiffre d'affaires}}$$
8	ratio de contrôles fiscaux	$$\dfrac{\text{coût des contrôles fiscaux } (\textit{hors redressements}) \times 100}{\text{chiffre d'affaires}}$$
9	ratio de TVA non récupérable	$$\dfrac{\text{TVA non récupérable} \times 100}{\text{charges}}$$
10	ratio de coût des redressements	$$\dfrac{\text{coût des amendes et redressements} \times 100}{\text{bénéfice fiscal déclaré}}$$

---

1. *On peut calculer un autre ratio avec les charges sociales facultatives.*
2. *Par catégorie socio-professionnelle.*
3. *En coût de production (c'est-à-dire avec une part de coûts de structure).*

Nos commentaires

Le ratio **1** $\dfrac{\text{impôt sur le bénéfice} \times 100}{\text{performance économique}}$

montre la part de l'État (à ce titre) dans la performance de l'entreprise. Ce ratio est comparable entre les entreprises de plusieurs nations.

De nombreuses variantes existent :

$$\frac{\text{impôt sur les bénéfices} \times 100}{\text{autofinancement}} \qquad \frac{\text{impôt sur les bénéfices} \times 100}{\text{résultat avant impôt}}$$

Le ratio **2** $\dfrac{\text{taxe professionnelle} \times 100}{\text{chiffre d'affaires}}$

démontre de très grandes disparités entre les entreprises suivant leur implantation.

Il doit être décomposé par centre de responsabilité ou par unité décentralisée responsable d'un chiffre d'affaires.

Le ratio **3** $\dfrac{\text{taxe professionnelle}}{\text{effectif moyen}}$

est un moyen de démontrer que cette taxe est élevée. C'est un **ratio de contestation** qui peut provoquer une réticence à embaucher du personnel ou inciter à délocaliser une implantation.

Le ratio **4** $\dfrac{\text{taxes locales et nationales } \textit{(hors taxe professionnelle)} \times 100}{\text{chiffre d'affaires}}$

est un ratio d'information car il s'agit d'une bonne vingtaine de taxes fiscales ou parafiscales qui, réunies, finissent par représenter un coût important (enregistrement, actes officiels, véhicules, etc.).

Le ratio **5** $\dfrac{\text{charges sociales obligatoires } \textit{(patronales et salariales)} \times 100}{\text{production totale}}$

est essentiel à connaître et à contrôler. C'est un **moyen d'information et de communication** avec les tiers, les syndicats et le personnel.

Le ratio **6** $\dfrac{\text{charges sociales obligatoires}}{\text{effectif}}$

est une variante du ratio **5**.

Les ratios **5** et **6** doivent être établis par catégorie socio-professionnelle. Leur établissement nécessite une organisation comptable et informatique adéquate.

Le ratio **7** $\dfrac{\text{coût des services fiscaux de l'entreprise} \times 100}{\text{chiffre d'affaires}}$

n'est valable que pour les très grandes entreprises. Il est souvent commun avec les services juridiques, ce qui le rend inutilisable.

Le ratio **8** $\dfrac{\text{coût des contrôles fiscaux } \textit{(hors redressements)} \times 100}{\text{chiffre d'affaires}}$

permet d'**illuster le coût de certains contrôles fiscaux.** Il est difficile à établir et nécessite de ne pas valoriser les coûts exagérément.

Il est parfois utile (certaines années) d'établir le rapport :

$$\frac{\text{coût des contrôles fiscaux (et URSAFF)} \times 100}{\text{résultat}}$$

Le ratio **9** $\dfrac{\text{TVA non récupérable} \times 100}{\text{charges}}$

peut montrer une évolution mais reste d'un intérêt mineur dans la plupart des cas.

Le ratio **10** $\dfrac{\text{coût des amendes et redressements} \times 100}{\text{bénéfice fiscal déclaré}}$

montre les incidences des redressements d'une façon spectaculaire mais il est souvent « en dents de scie ».

7 LA MÉTHODE DES SCORES A SURTOUT UN INTÉRÊT THÉORIQUE

Cette méthode consiste à donner une note à une entreprise avec une grande probabilité de risque (ou de non-risque) dans un proche avenir.

ratio[1]	éléments chiffrés	résultat du ratio	pondération (coefficient)[2]	ratio pondéré
		(3)		

Cette méthode repose sur l'édition d'un certain nombre de ratios, avec des pondérations attribuées en fonction d'un coefficient de risque.

On peut, ainsi, additionner entre cinq et dix ratios.

---

1. Liste de 5 à 10 ratios. La méthode de la centrale des bilans de la Banque de France utilise 8 ratios spécifiques.
2. Coefficient attribuant un risque de défaillance d'après des études et analyses effectuées sur un grand nombre d'entreprises.
3. Soit que le total de 1 représente l'équilibre ou l'incertitude, une note inférieure représentant le risque de défaillance et une note supérieure, un non-risque ; soit que la pondération aboutisse à un nombre (4 ou 6 par exemple) représentant le risque de défaillance moyen, les notes supérieures ou inférieures donnant lieu à une échelle graduée de risques et de non-risques.

Cette méthode est utilisée par les banques pour évaluer avec un seul chiffre les entreprises. Elle est utilisée par les grands cabinets d'expertise-comptable et quelques experts. Il existe actuellement une bonne dizaine de formules utilisées dans le monde.

Cette méthode est de la pure technocratie et constitue une très belle construction mathématico-intellectuelle qui n'est pas dépourvue d'intérêt sur le plan théorique.

Elle intéresse quelques gestionnaires de grandes multinationales et reste complètement négligée par la quasi-totalité des autres managers et gestionnaires. Les raisons de ce désintérêt sont classiques : trop compliquée (même avec des logiciels), peu fiable, peu crédible, peu utile même pour se mesurer aux autres.

Cas n° 6 : ARDEM

ARDEM est une entreprise de déménagement spécialisée dans le transport de tableaux et d'œuvres d'art.

Cette entreprise hollandaise a un effectif réduit car elle sous-traite plus de 90 % de son activité. Son marché s'étend au monde entier, elle occupe une position dominante. Les sous-traitants sont des entreprises très spécialisées et de haute technicité.

La direction de l'entreprise a besoin d'être conseillée sur le choix de ratios de gestion portant sur le crédit client, les dettes fournisseurs et les stocks à partir des données portant sur les quatre années 1998 à 2001.

En millions d'Euros (M€)

		1998	*1999*	*2000*	*2001*
1	chiffre d'affaires TTC [1]	106	112	153	150
2	créances sur clients (moyenne annuelle)	12	18	23	28
3	achats TTC	7	9	12	8
4	dettes aux fournisseurs (moyenne annuelle)	1	1	2	1
5	stock de matières et fournitures (stock moyen sur l'année)	15	16	14	6
6	consommation annuelle de matières et fournitures	8	9	10	10

---

1. La TVA n'a pas été modifiée au cours de la période étudiée, mais son influence sur le chiffre d'affaires HT reste négligeable étant donné le niveau d'exportations.

* Les solutions sont en annexes, page 232

 **L'essentiel...**

Les ratios des pages 129 et 151 sont propres aux entreprises. Ils sont internes et servent à mesurer les activités liées à l'exploitation et aux investissements.

Les ratios de crédit client, de dettes aux fournisseurs et l'évolution des stocks sont des outils de gestion des actifs. Ils sont analysés par les contrôleurs de gestion. Ce sont des moyens de mesurer des flux entre l'entreprise et ses différents environnements et partenaires.

Rappel des ratios principaux :

$$\frac{\text{masse salariale} \times 100}{\text{production totale}} \qquad \text{page 131}$$

ratios de crédit client   page 135

ratios de crédit fournisseur   page 139

ratios de rotation des stocks   page 141

TROISIÈME PARTIE

Quels ratios utiliser au niveau des fonctions, centres et unités de gestion ?

Cette partie regroupe les ratios propres à une gestion décentralisée. Il s'agit de ratios d'objectifs et de contrôle au niveau des cadres opérationnels. Ces ratios sont établis et exploités à l'intérieur des entreprises. Ils ne sont que rarement diffusés à l'extérieur.

1   La gestion budgétaire s'appuie sur la responsabilité et une information cohérente

2   Les ratios de production sont nombreux et spécifiques aux entreprises de production

3   La qualité doit être contrôlée en permanence

4   Les ratios d'approvisionnement et de stocks doivent être surveillés constamment par les responsables achats et les gestionnaires des stocks

5   Les ratios relatifs à l'activité commerciale sont faciles à établir et à interpréter

6   Les ratios de gestion des Ressources Humaines sont difficiles à établir et peuvent déclencher les passions

1 LA GESTION BUDGÉTAIRE S'APPUIE SUR LA RESPONSABILITÉ ET UNE INFORMATION COHÉRENTE

La gestion budgétaire s'appuie sur le concept de responsabilité.

Le niveau d'information, en particulier sous forme de ratios, est essentiel. Le calcul et la diffusion des ratios doivent être cohérents avec le niveau de décision et le niveau d'information sinon on risque des conflits ou certaines formes de désintérêt.

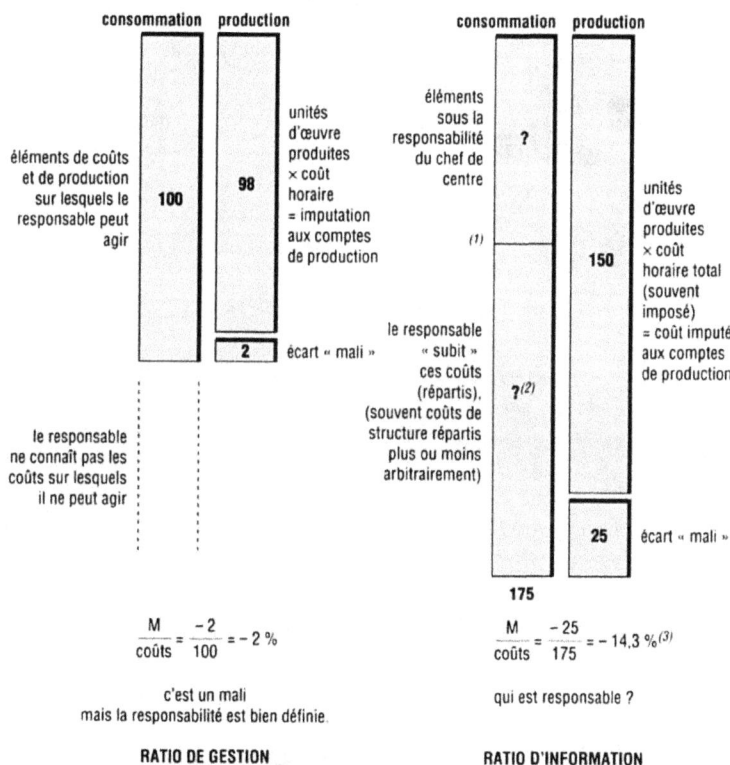

	consommation	production	
			unités d'œuvre produites × coût horaire = imputation aux comptes de production
éléments de coûts et de production sur lesquels le responsable peut agir	**100**	**98**	
		2	écart « mali »
le responsable ne connaît pas les coûts sur lesquels il ne peut agir			

$$\frac{M}{\text{coûts}} = \frac{-2}{100} = -2\,\%$$

c'est un mali
mais la responsabilité est bien définie.

RATIO DE GESTION

	consommation	production	
éléments sous la responsabilité du chef de centre *(1)*	**?**		unités d'œuvre produites × coût horaire total (souvent imposé) = coût imputé aux comptes de production
le responsable « subit » ces coûts (répartis), (souvent coûts de structure répartis plus ou moins arbitrairement)	**?**[2]	**150**	
		25	écart « mali »
	175		

$$\frac{M}{\text{coûts}} = \frac{-25}{175} = -14,3\,\%\,^{(3)}$$

qui est responsable ?

RATIO D'INFORMATION

---

1. La séparation n'est pas toujours très nette !
2. On sait que c'est probablement important... de l'ordre de 80... environ, peut-être... par contre, le coût total est connu.
3. Il est à noter que les calculs sont justes. C'est plutôt la façon de poser le problème qui ne l'est pas.

Ce schéma est la base de tous les ratios liés au contrôle budgétaire

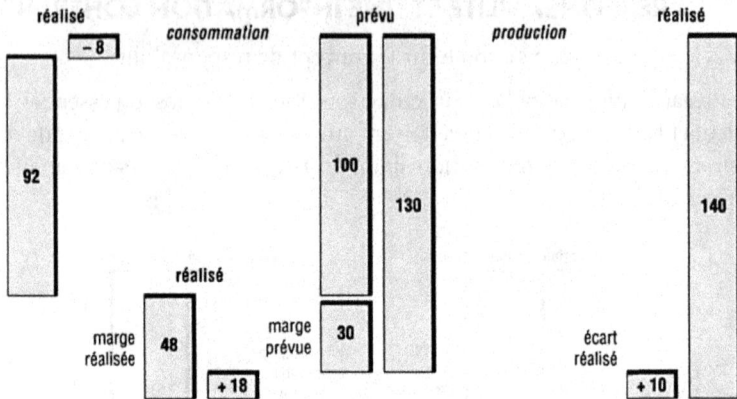

sens de l'écart		valeurs absolues	ratio
‹ ›	écart sur consommation	92 – 100 = – 8	$\dfrac{8 \times 100}{100} = -8\,\%$
‹ ›	écart sur production	140 – 130 = + 10	$\dfrac{10 \times 100}{130} = +7,7\,\%$
↕	écart sur marge	48 – 30 = + 18	$\dfrac{18 \times 100}{30} = +60\,\%$

En contrôle budgétaire, les ratios de base sont exprimés sous les formes générales suivantes :

$$\frac{\text{réalisé à fin M} \times 100}{\text{budget total de l'exercice}}$$

Ce ratio indique le pourcentage d'avancement en cours d'exercice ; il n'a d'intérêt que s'il est comparé avec le ratio suivant :

$$\frac{\text{réalisé à fin M} \times 100}{\text{budget prévu à fin M}}$$

Ce ratio indique l'avance ou le retard par rapport au budget, à condition que celui-ci ait été réparti par mois (ou en une autre unité de temps), ce qui paraît indispensable à faire (sinon, on a une prévision mais pas un budget).

Dans le cas où le budget n'est indiqué que sur l'année, on peut calculer le ratio :

$$\frac{\text{réalisé à fin M} \times 100}{\text{budget} \times (\text{nombre M passés}/12)}$$

L'avantage de ce type de ratios est de pouvoir ne porter son attention **que sur les écarts significatifs** en pourcentage. Cependant, il est important de constater **les dérives,** de contrôler les valeurs absolues et d'établir des corrélations.

Si les écarts en valeur relative sont, sur 5 mois, les suivants : 0,6 % ; 0,8 % ; 0,9 % ; 1,0 %, on peut estimer que c'est faible et sans intérêt. Ce serait une erreur, car une telle progression est certainement l'indication d'une détérioration plus ou moins sournoise.

Si un écart est de 0,3 %, mais que cet écart représente 1 million d'Euros, il y aura lieu quand même de s'y intéresser.

Enfin, si les écarts de chiffre d'affaires sont faibles, tant en valeurs absolues qu'en valeurs relatives, il y aura lieu de vérifier que le crédit client ne se détériore pas ou qu'il n'y a pas une dérive par rapport aux prix d'objectifs (ou prix standard ou prix catalogue).

Tous ces ratios peuvent définir ou préciser des objectifs.

2   LES RATIOS DE PRODUCTION SONT NOMBREUX ET SPÉCIFIQUES AUX ENTREPRISES DE PRODUCTION

Les ratios mesurant la production sont très nombreux et très spécifiques aux entreprises de production.

La notion d'effectif devient de plus en plus difficile à cerner. La valorisation de la production n'est pas identique d'une entreprise à l'autre du fait qu'un même mot – comme, par exemple, « coût de production » – n'a pas exactement la même définition dans la sidérurgie ou dans une entreprise de transport.

La liste de la page 159 se limite aux ratios essentiels. La plupart de ces ratios devraient être calculés par trimestre ou, au moins, par semestre, ce qui paraît suffisant.

Il ne faut pas confondre coût de production et coût de revient.

Pour calculer les ratios, on prend le coût de production quand un ratio met en jeu des stocks aval et on prend le coût de revient quand un ratio met en jeu les ventes.

Les chiffres portés sur ce schéma n'ont d'autre utilité que de faciliter la compréhension du schéma.

---

1. *Ou coûts « d'administration générale » ou de « direction générale »...*

Quels ratios utiliser au niveau des fonctions

1	ratio de valeur ajoutée	$$\frac{\text{valeur ajoutée} \times 100}{\text{production}^{1}}$$
2	autre ratio de masse salariale	$$\frac{\text{masse salariale} \times 100}{\text{valeur ajoutée}}$$
3	autre ratio de valeur ajoutée	$$\frac{\text{valeur ajoutée}}{\text{effectif}}$$
4	ratio de productivité *	$$\frac{\text{production}}{\text{effectif}}$$
5	ratio des heures supplémentaires *	$$\frac{\text{heures supplémentaires} \times 100}{\text{heures totales de production}}$$
6	ratio de sous-traitance *	$$\frac{\text{sous-traitance} \times 100}{\text{production}^{1}}$$
7	ratio d'évolution de la production immobilisée PI	$$\frac{PI\,(t+1) - PI\,(t) \times 100}{PI\,(t)}$$
8	ratio d'évolution de la production stockée PS	$$\frac{PS\,(t+1) - PS\,(t) \times 100}{PS\,(t)}$$
9	ratio d'évolution de la production vendue PV	$$\frac{PV\,(t+1) - PV\,(t) \times 100}{PV\,(t)}$$
10	ratio d'évolution de la production totale P	$$\frac{P\,(t+1) - P\,(t) \times 100}{P\,(t)}$$

t = *période (mois, trimestre, semestre, année) passée.*
$t + 1$ = *période suivant la période passée (en même unité).*

---

* *Indispensable à connaître.*

1. *Production vendue, stockée et immobilisée.*

159

11 ratio d'objectif
de temps *

$$\frac{\text{temps prévu}}{\text{temps passé}}$$

12 ratio d'utilisation
du matériel

$$\frac{\text{temps d'arrêt machine} \times 100}{\text{temps théorique total de fonctionnement}}$$

13 ratio de contrôle
qualité

$$\frac{\text{rebuts} \times 100}{\text{consommations matières}}$$

14 ratio de rendement
matières

$$\frac{\text{matières premières utilisées (en unités physiques)}}{\text{quantités produites}}$$

15 ratio de consommation
de fournitures

$$\frac{\text{petites fournitures consommables} \times 100}{\text{production}}$$

16 ratio de consommation
des fluides

$$\frac{\text{électricité (ou autres fluides ou types d'énergie)}}{\text{production}}$$

17 ratio de consommation
d'énergie

$$\frac{\text{consommation d'énergie[1] (en unités physiques)}}{\text{production}}$$

18 ratio de déchets

$$\frac{\text{déchets} \times 100}{\text{production}}$$

19 ratio de salaires

$$\frac{\text{salaires bruts de production} \times 100}{\text{production}}$$

20 autre ratio de
salaires

$$\frac{\text{salaires directs payés + charges de production} \times 100}{\text{production}}$$

21 ratio de coût
de production *

$$\frac{\text{coût réalisé}}{\text{coût standard[2]}}$$

---

* *Indispensable à connaître.*

1. *On peut prendre au numérateur toutes sortes de consommations : eau, téléphone, air comprimé, etc.*
2. *En coût préétabli, budgété ou approché.*

22 ratio de coût de structure *

$$\frac{\text{coût de structure} \times 100}{\text{production}^1}$$

23 ratio des en-cours

$$\frac{\text{en-cours}}{\text{production journalière}}$$

Pour des raisons de facilité, certains gestionnaires remplacent le terme de production par le chiffre d'affaires (ratios 16, 22 et 23). Ces ratios sont, dans ces conditions, peu cohérents.

Nos commentaires

Le ratio **1** $\dfrac{\text{valeur ajoutée} \times 100}{\text{production}}$

montre la part de valeur ajoutée dans l'activité de l'entreprise. Il y a lieu de bien définir la valeur ajoutée et, en particulier, de se demander si, économiquement parlant, la définition du plan comptable est pertinente avec la structure de la main-d'œuvre.

Le fait que ce ratio monte ou descende n'a rien à voir avec l'aspect favorable ou défavorable. **C'est un ratio de provocation** à l'explication.

Le ratio **2** $\dfrac{\text{masse salariale} \times 100}{\text{valeur ajoutée}}$

doit être comparé, lorsqu'il diminue avec le ratio **6** (sous-traitance). La délocalisation par filiale étrangère (ou accords inter-entreprises) est souvent la raison de variations importantes sinon même rapides de ce ratio.

---

* *Indispensable à connaître.*

1. *Le coût de structure et la production doivent être cohérents (un centre, une unité décentralisée ou, même, un chantier).*

Le ratio **3** $\dfrac{\text{valeur ajoutée}}{\text{effectif}}$

doit, en principe, être constant ou tout au moins à évolution lente tant qu'il n'y a pas de bouleversements de structure de production, de vente, du marché, etc.

Le ratio **4** $\dfrac{\text{production}}{\text{effectif}}$

quand il augmente, ne signifie pas forcèment que les gens au travail sont surchargés. Il est probable que la sous-traitance est active.

Le ratio **5** $\dfrac{\text{heures suplémentaires} \times 100}{\text{heures totales de production}}$

est de nature statistique. Il doit être calculé pratiquement toutes les semaines car il faut expliquer les raisons des heures supplémentaires : chroniques ou exceptionnelles. Il faut s'assurer que le droit du travail et les conventions collectives sont respectés.

Le ratio **6** $\dfrac{\text{sous-traitance} \times 100}{\text{production}}$

est fort intéressant dans son évolution. Les délégués du personnel sont très attentifs à ce ratio.

Le ratio **7** $\dfrac{PI\,(t+1) - PI\,(t) \times 100}{PI\,(t)}$ le **8** $\dfrac{PS\,(t+1) - PS\,(t) \times 100}{PS\,(t)}$

Le ratio **9** $\dfrac{PV\,(t+1) - PV\,(t) \times 100}{PV\,(t)}$ le **10** $\dfrac{P\,(t+1) - P\,(t) \times 100}{P\,(t)}$

sont des indices de production qui doivent faire partie du tableau de bord. L'indice de production stockée doit être analysé avec les services commerciaux.

Le ratio **11** $\dfrac{\text{temps prévu}}{\text{temps passé}}$

doit susciter l'attention quant à la saisie de l'information car il est facile de transmettre n'importe quoi pour donner des justifications à tout. Ce ratio nécessite une participation réelle des collaborateurs.

Le ratio **12** $\dfrac{\text{temps d'arrêt machine} \times 100}{\text{temps théorique total de fonctionnement}}$

est à calculer par machine ou groupe de machines par périodes rapprochées car ce ratio peut entraîner des **mesures d'entretien préventif.**

Le ratio **13** $\dfrac{\text{rebuts} \times 100}{\text{consommations matières}}$

est assimilé à un **contrôle qualité.** Il est préférable de prendre en compte des unités physiques.

Le ratio **14** $\dfrac{\text{matières premières utilisées } \textit{(en unités physiques)}}{\text{quantités produites}}$

concerne le **rendement matières.** Ce ratio est très important puisqu'il est à la base de toute gestion budgétaire dans les entreprises de production.

Le ratio **15** $\dfrac{\text{petites fournitures consommables} \times 100}{\text{production}}$

ne peut être suivi qu'à partir d'unités monétaires. Il permet de détecter des coulages ou de mauvaises habitudes dus à des négligences.

Le ratio **16** $\dfrac{\text{électricité (ou autres fluides ou types d'énergie)}}{\text{production}}$

est un ratio de contrôle continu. Il est à segmenter selon les besoins et non systématiquement. Les mesures coûtent toujours cher (compteurs division-naires).

Les ratios

Le ratio **17** $\dfrac{\text{consommation d'énergie } \textit{(en unités physiques)}}{\text{production}}$

et tous ceux de ce type sont intéressants au niveau des unités de base de grands consommateurs d'énergie (l'aluminium par exemple). Ce sont des **ratios d'alerte** pouvant montrer rapidement un dérèglement ou les conséquences (bonnes ou mauvaises) de décisions antérieures.

Le ratio **18** $\dfrac{\text{déchets} \times 100}{\text{production}}$

permet d'arrêter les **dérives parfois insidieuses** en évitant de ne pas confondre déchets et rebuts.

Le ratio **19** $\dfrac{\text{salaires bruts de production} \times 100}{\text{production}}$

est intéressant à condition de bien définir les termes.

Le ratio **20** $\dfrac{\text{salaires directs payés} + \text{charges de production} \times 100}{\text{production}}$

de même que le ratio **16** est un ratio de contrôle continu.
Il est à segmenter selon les besoins et non systématiquement. Les mesures coûtent toujours cher (compteurs divisionnaires ou systèmes de mesure).

Le ratio **21** $\dfrac{\text{coût réalisé}}{\text{coût standard}}$

est très important et doit être décentralisé. **Il est à la base de tout système et peut avoir une influence sur la politique des prix de vente, donc des performances de l'entreprise.**
Il peut s'agir de coûts unitaires ou de coûts globaux d'une production.

Le ratio **22** $\dfrac{\text{coût de structure} \times 100}{\text{production}}$

est fort intéressant à calculer au niveau d'un centre de responsabilité ou d'une affaire. Il est à établir, si possible, par semestre. Le ratio identique au niveau d'une grande entreprise, dans son ensemble, peut être trompeur ou peu significatif en cas de productions multiples et complexes.

Le ratio **23** $\dfrac{\text{en-cours}}{\text{production journalière}}$

peut, par son évolution, montrer une dérive et doit provoquer une analyse. L'augmentation des en-cours ne signifie pas forcément que la situation est mauvaise. Il peut s'agir de la conséquence d'une expansion ou de la modification dans les structures du marché ou des produits.

Il est absolument essentiel de contrôler les en-cours et, en particulier, de s'assurer qu'ils ne contiennent pas de pertes potentielles.

Testez-vous

DANS CES 10 PHRASES SE SONT GLISSÉES 4 ERREURS ! TROUVEZ-LES.

❶ Un ratio est un rapport tandis qu'une différence est un écart.

❷ Les indices d'évolution base 100 n'ont de valeur que s'ils portent sur des éléments du compte de résultat.

❸ Un ratio ne s'exprime pas toujours sous la forme d'un pourcentage.

❹ Un ratio est une information synthétique pouvant entraîner des décisions.

❺ Les ratios sont utiles pour illustrer un diagnostic d'entreprise, même s'il s'agit d'un diagnostic partiel.

❻ Les ratios sont classés par catégories définies et préconisées par le plan comptable.

❼ Le concept de rentabilité est très proche de celui de la productivité.

❽ Les ratios peuvent faire partie d'un tableau de bord à tous les niveaux.

❾ Investissements et immobilisations ont le même sens (synonymes).

❿ La cadence de parution des ratios dépend de l'utilité qu'on en tire.

commentaires page 217

3   LA QUALITÉ DOIT ÊTRE CONTRÔLÉE EN PERMANENCE

La qualité était un facteur de différenciation. Aujourd'hui, c'est la « non-qualité » qui est un facteur d'élimination. La qualité est devenue naturelle, normale, normative, évidente, partout, mais il est essentiel de la contrôler en permanence car c'est l'un des domaines où la perfection n'est jamais atteinte. C'est désespérant et passionnant.

La **qualité technique** est relativement facile à contrôler avec des ratios car elle s'appuie sur des unités d'œuvre ou des mesures d'objectifs : un produit est bon ou mauvais si l'appareil de mesure indique un chiffre au-dessus ou au-dessous de ce qui est la norme.

Par contre la qualité s'appuie sur beaucoup d'éléments psychologiques, non objectifs, **subjectifs,** allant de la satisfaction ou de l'insatisfaction selon les humeurs et le caractère des chefs, des salariés, des clients, des fournisseurs sinon même des administrations.

L'unité de mesure d'un client satisfait, l'unité de mesure d'un incident, **l'image de l'entreprise et la gentillesse de l'hôtesse d'accueil ne se mesurent ni au mètre ni à l'hectare.**

La **sécurité** – qui est une forme de qualité – n'est pas tellement mieux mesurable. On peut avoir mille accidents du travail, chiffre énorme sur une population de 2 000 salariés, mais s'il s'agit de 99 % d'écorchures, la qualité n'aura pas grande signification alors qu'un mort sur 2 000 personnes est autrement plus grave.

Comment quantifier ou mesurer la qualité, tel est le problème posé par les ratios touchant à la qualité.

La liste ci-après est infime par rapport à la multitude de mesures possibles. La saisie de l'information pose bien des problèmes d'appréciation.

Quels ratios utiliser au niveau des fonctions

1   ratio de rebut   *

$$\frac{\text{quantités rebutées}[1] \times 100}{\text{quantités produites}}$$

2   ratio d'incidents

$$\frac{\text{nombre d'incidents}[2] \times 100}{\text{nombre de factures émises}}$$

3   ratio SAV

$$\frac{\text{nombre de réparations en SAV}[3] \times 100}{\text{nombre d'objets livrés}}$$

4   ratio d'achat

$$\frac{\text{nombre de clients sans achats}[4] \times 100}{\text{nombre de clients reçus}}$$

5   ratio de réclamation

$$\frac{\text{nombre de lettres de réclamation (ou défavorables)} \times 100}{\text{production}}$$

6   indices de progession

indices de progression d'année en année (ou de mois en mois) avec des études et analyses de corrélation :
- rebuts,
- retour matières aux fabricants,
- réfection de matériels détériorés,
- accidents du travail par type d'accident (classification par cause),
- etc.

7   ratio de garantie

$$\frac{\text{coût de la garantie} \times 100}{\text{chiffre d'affaires}}$$

---

* *Indispensable à connaître.*

1. *Quantités d'objets, ou de mètres, ou de surfaces, etc. Il est nécessaire de calculer ces ratios par produit (ou service).*
2. *Il y a lieu de pondérer l'importance des incidents de 1 à 5 ou de 1 à 10 avec les critères comparatifs les plus proches possibles de la réalité.*
3. *Il y a lieu de compléter ce ratio par un autre ratio prenant en compte le coût des réparations, au moins en coût direct sinon en coût de production.*
4. *Si possible, par journées tests ou par sondages. Ce ratio peut être complété par un sondage sur les raisons de non-achat.*

8	ratio de défaillances clients *	$\dfrac{\text{défaillances clients}[1] \times 100}{\text{chiffre d'affaires}}$
9	ratio de défaillances fournisseurs	$\dfrac{\text{défaillances fournisseurs}[2] \times 100}{\text{achats}}$
10	ratio de retour	$\dfrac{\text{quantités de retours} \times 100}{\text{quantités livrées}}$
11	ratio de procès	$\dfrac{\text{nombre de procès} \times 100}{\text{nombre de clients}}$

Nos commentaires

Le ratio **1** $\quad \dfrac{\text{quantités rebutées} \times 100}{\text{quantités produites}}$

est valable vis-à-vis des fournisseurs en ce qui concerne les pièces détachées achetées ou les services fournis. Ce ratio est utile à la prise de décision.

Le ratio **2** $\quad \dfrac{\text{nombre d'incidents} \times 100}{\text{nombre de factures émises}}$

doit être affiné par **catégories d'incidents par nature, par gravité et par coût**. Il s'agit d'un **ratio de décision**. Ce ratio n'a pas de sens s'il porte sur une grande variété de produits ou de services de valeurs très inégales.

---

* *Indispensable à connaître.*

1. *En unités physiques – pas toujours possibles à saisir – ou en coûts réels ou en coûts standards.*
2. *Pas toujours faciles à chiffrer en valeurs monétaires, surtout si les conséquences entraînent d'autres coûts indirects.*

Le ratio **3** $\dfrac{\text{nombre de réparations en SAV} \times 100}{\text{nombre d'objets livrés}}$

est à compléter avec :

$$\dfrac{\text{coût des réparations et garanties du service après-ventes} \times 100}{\text{chiffre d'affaires exprimé en coût de production}^{[1]}}$$

Le ratio **4** $\dfrac{\text{nombre de clients sans achats} \times 100}{\text{nombre de clients reçus}}$

est absolument **essentiel à contrôler et à analyser** car il **implique des décisions** dans bien des domaines : produit, accueil, image, présentation, etc.

Le ratio **5** $\dfrac{\text{nombre de lettres de réclamation (ou défavorables)} \times 100}{\text{nombre total de lettres reçues}}$

est particulièrement important à contrôler dans les entreprises de **vente par correspondance et les administrations.** Le pourcentage est souvent très élevé et les variations de ce ratio sont à prendre en considération (en plus de l'objet des réclamations).

Les indices **6** sont à inclure dans le tableau de bord des responsables opérationnels.

Le ratio **7** $\dfrac{\text{coût de garantie} \times 100}{\text{chiffre d'affaires}}$

est à comparer avec les ratios types par profession.

Le ratio **8** $\dfrac{\text{défaillances clients} \times 100}{\text{chiffre d'affaires}}$

concerne la **qualité des clients.** Pour vendre, on ne fait pas toujours assez attention à la solvabilité (certains organismes de crédit à la consommation).

---

1. *En coût de production car c'est ce coût qui est le mieux cerné. On peut, aussi, prendre le coût de revient des ventes si on peut le connaître autrement que par une répartition arbitraire des coûts de distribution et d'administration générale (voir schéma page 158).*

Le ratio **9**

$$\frac{\text{défaillances fournisseurs} \times 100}{\text{achats}}$$

permet de choisir ses fournisseurs parmi ceux qui ne sont pas des canards boiteux.

Le ratio **10**

$$\frac{\text{quantités de retours} \times 100}{\text{quantités livrées}}$$

est important dans la **grande distribution** et les entreprises de vente par correspondance.

Ce ratio est à rapprocher de celui des **transports** :

$$\frac{\text{incidents de transports de marchandises} \times 100}{\text{quantités d'objets transportés}}$$

Ce ratio peut être estimé en coût des incidents par rapport aux valeurs transportées, ce qui n'est pas toujours facile à faire, les déclarations de valeurs étant parfois fantaisistes pour une quantité de raisons.

Le ratio **11**

$$\frac{\text{nombre de procès} \times 100}{\text{nombre de clients}}$$

donne une indication, sans plus, de la qualité. Évidemment, une entreprise parfaite n'a pas de procès... mais une entreprise parfaite serait-elle supportable ?

4 LES APPROVISONNEMENTS ET LES STOCKS DOIVENT ÊTRE SURVEILLÉS CONSTAMMENT PAR LES SERVICES ACHATS ET LES RESPONSABLES DE STOCKS

Les ratios cités sur la liste ci-après intéressent les services achats et les responsables de stocks.

Comme pour les autres ratios, il est nécessaire de les segmenter par catégorie suivant l'origine, les risques de conservation, les volumes, les destinations, etc.

1	**ratio de frais d'acquisition**	$$\dfrac{\text{frais d'acquisition} \times 100}{\text{achats}}$$
2	**ratio de frais sur matières**	$$\dfrac{\text{frais sur matières} \times 100}{\text{valeur des sorties des stocks}}$$
3	**ratio de coût de possession**	$$\dfrac{\text{coût de possession} \times 100}{\text{valeur des sorties des stocks}}$$
4	**ratio de différences d'inventaires**	$$\dfrac{\text{différences d'inventaires}^{1} \times 100}{\text{achats}}$$
5	**autres ratios de différences d'inventaires**	$$\dfrac{\text{différences d'inventaires}^{2} \times 100}{\text{chiffre d'affaires}}$$
6	**ratio de taux de remise**	$$\dfrac{\text{rabais, remises et ristournes obtenus} \times 100}{\text{valeur théorique des achats}}$$
7	**ratio de coût du service achat** *	$$\dfrac{\text{coût du service achats}^{3}}{\text{nombre de commandes}}$$

Pour tous ces ratios, le numérateur et le dénominateur doivent recouvrir la même période.

---

* *Indispensable à connaître.*

1. *Coulage, pertes, erreur de comptage, etc., il serait intéressant (mais pratiquement impossible) de valoriser chaque cause.*
2. *Par rapport au chiffre d'affaires, il s'agit ici de vols.*
   Exprimée en valeurs monétaires, la différence d'inventaire est chiffrée en coût de production qui n'est pas en cohérence avec le chiffre d'affaires. Si la valeur du ratio est critiquable, son évolution – à méthode de calcul constante – est un bon indice de vols, coulages et autres incidents.
3. *Ou de la fonction achats.*

Nos commentaires

Le ratio **1** $\dfrac{\text{frais d'acquisition} \times 100}{\text{achats}}$

permet de calculer les ratios pour les achats effectués en France et les achats importés. Les frais d'acquisition (et d'approche) doivent être définis avec précision.

Le ratio **2** $\dfrac{\text{frais sur matières} \times 100}{\text{valeur des sorties des stocks}}$

dont le suivi est fait dans le cadre de la gestion budgétaire, doit être contrôlé mensuellement.

À chaque sortie de stock, on majore le coût de la valeur du stock d'un pourcentage pour couvrir les frais de stockage, de manutention, de transports, de conservation, etc. entraînés par le stockage.

Le ratio **3** $\dfrac{\text{coût de possession} \times 100}{\text{valeur des sorties des stocks}}$

mesure le **coût de possession**. Il est particulièrement important à contrôler lorsque le stock nécessite des moyens de conservation coûteux et longs (pièces en caoutchouc, produits alimentaires, biologie, médecine, pharmacie, etc.).

Le ratio **4** $\dfrac{\text{différences d'inventaires} \times 100}{\text{achats}}$

est à faire par catégorie de stocks.

Le ratio **5** $\dfrac{\text{différences d'inventaires} \times 100}{\text{chiffre d'affaires}}$

est très important dans le **commerce en libre-service**. Il peut aider à détecter des voleurs professionnels. Le numérateur et le dénominateur devraient être exprimés en quantités car en valeurs monétaires, ce ratio est assez imprécis et a, alors, un caractère statistique.

Quels ratios utiliser au niveau des fonctions

Le ratio **6** $\dfrac{\text{rabais, remises et ristournes obtenus} \times 100}{\text{valeur théorique des achats}}$

est à calculer par gros fournisseurs.

Le ratio **7** $\dfrac{\text{coût du service achats} \times 100}{\text{nombre de commandes}}$

Ce ratio est valable si les commandes ont une quelconque homogénéité (on ne mélange pas les commandes de 10 écrous et une commande d'un semi-remorque).

Un autre ratio permettant des comparaisons à l'intérieur d'un même secteur d'activité est :

$$\dfrac{\text{montant des achats de l'exercice}}{\text{effectif du service achats}}$$

Cas n° 7 : SEMCO

La SEMCO est une entreprise belge de négoce de produits nécessaires à l'agriculture : engrais, produits d'entretien, nourriture de bétail et petits matériels divers. Elle achète et revend entre 130 et 140 produits divers.

Le marché de la SEMCO est constitué de revendeurs et de coopératives couvrant la Belgique, l'Allemagne du Sud, la Hollande, le Luxembourg et les régions françaises au nord de la Seine.

Que peut-on penser de la gestion budgétaire de cette entreprise à travers les quelques chiffres très simplifiés donnés ci-dessous ?

En millions d'Euros (M€)
(année 2001)

	coûts		chiffre d'affaires HT	
	prévu	réalisé	prévu	réalisé
1 structure	18	16	–	–
2 engrais	34[1]	38[1]	48	42
3 produits d'entretien	45[1]	46[1]	56	58
4 nourriture bétail	5[1]	5[1]	15	15
5 autres produits	37[1]	47[1]	37	43
totaux	139	152	156	158

_____

1. *En coûts d'achat.*

* Les solutions sont en annexes, page 235

5 LES RATIOS DE L'ACTIVITÉ COMMERCIALE SONT PARFOIS DIFFICILES À ÉTABLIR ET À INTERPRÉTER

Les ratios relatifs à l'activité commerciale sont – la plupart du temps – assez faciles à établir et leur interprétation ne demande pas de précautions particulières.

Suivant le secteur d'activité, certains ratios de cette liste sont utiles, d'autres ne le sont pas.

Ces ratios sont communs aux PME et aux grandes entreprises. Ils nécessitent des adaptations pour les rendre utiles dans les associations et les administrations.

1	ratio de chiffre d'affaires	$\dfrac{\text{chiffre d'affaires}}{\text{effectif}}$
2	autre ratio de chiffre d'affaires	$\dfrac{\text{chiffre d'affaires}}{\text{chiffre d'affaires en prix standard}^{1}}$
3	ratio de part de marché	$\dfrac{\text{nombre de clients actuels}}{\text{nombre de clients du marché}^{1}}$
4	autre ratio de part de marché	$\dfrac{\text{volume livré aux clients}}{\text{volume global du marché}^{1}}$
5	autre ratio de part de marché *	$\dfrac{\text{chiffre d'affaires} \times 100}{\text{estimation du marché}}$
6	ratio de surface de ventes	$\dfrac{\text{chiffre d'affaires}}{\text{surface de ventes}}$
7	ratio de contrôle budgétaire	$\dfrac{\text{objectifs de chiffre d'affaires} - \text{chiffre d'affaires réalisé} \times 100}{\text{objectif de chiffre d'affaires}}$

_____

* *Indispensable à connaître.*

1. *Chiffres souvent estimés par des méthodes statistiques et suffisantes.*

Les ratios

8	ratio de rendement	$$\dfrac{\text{chiffre d'affaires}}{\text{nombre de vendeurs}}$$
9	ratio de marge commerciale	$$\dfrac{\text{marge commerciale}}{\text{nombre de vendeurs}}$$
10	ratio de frais commerciaux	$$\dfrac{\text{frais de déplacements, séjours et divers} \times 100}{\text{chiffre d'affaires}}$$
11	ratio de clientèle	$$\dfrac{\text{nombre de nouveaux clients}}{\text{nombre de clients perdus}}$$
12	autre ratio de clientèle	$$\dfrac{\text{nombre de nouveaux clients} - \text{nombre de clients perdus}}{\text{nombre de clients totaux}}$$
13	ratio de coût du service commercial *	$$\dfrac{\text{coût du service commercial} \times 100}{\text{chiffre d'affaires}}$$

Nos commentaires

Le ratio **1** $\dfrac{\text{chiffre d'affaires}}{\text{effectif}}$

est un ratio statistique au niveau de l'entreprise. C'est aussi un ratio du contrôle budgétaire au niveau d'un service commercial, d'une agence ou d'un réseau.

Le ratio **2** $\dfrac{\text{chiffre d'affaires}}{\text{chiffre d'affaires en prix standard}}$

doit bien évidemment être le plus proche possible de 1 (ou légèrement supérieur).
Un gros écart par rapport à 1 serait une source de questions sur la **validité des standards** ou l'établissement de prix. Exprimé en pourcentage, ce ratio doit être proche de 100 %.

---

* *Indispensable à connaître.*

Le ratio **3** $\dfrac{\text{nombre de clients actuels}}{\text{nombre de clients du marché}}$

correspond à une expression de la **part de marché.**

Le ratio **4** $\dfrac{\text{volume livré aux clients}}{\text{volume global du marché}}$

est identique au ratio **3**, il est aussi une expresssion de la part de marché.

Le ratio **5** $\dfrac{\text{chiffre d'affaires} \times 100}{\text{estimation du marché}}$

est identique à **3** mais, en général, plus facile à calculer car le marché est souvent évalué, lui aussi, en milliers ou millions d'euros.

Le ratio **6** $\dfrac{\text{chiffre d'affaires}}{\text{surfaces de ventes}}$

est intéressant dans les **entrepôts,** le **commerce de détail** et les **grandes surfaces.** C'est un ratio de comparaisons inter-entreprise ou inter-unités de ventes dans une même entreprise.

Le ratio **7** $\dfrac{\text{objectifs de chiffre d'affaires} - \text{chiffre d'affaires réalisé} \times 100}{\text{objectif de chiffre d'affaires}}$

est un ratio **de contrôle budgétaire** qui montre, en cours d'exercice, si on est sur la bonne trajectoire. Il est intéressant de le calculer mensuellement.

Le ratio **8** $\dfrac{\text{chiffre d'affaires}}{\text{nombre de vendeurs}}$

est un ratio de **rendement.**

Le ratio **9** $\dfrac{\text{marge commerciale}}{\text{nombre de vendeurs}}$

est bien plus utile que le ratio **8** car c'est la marge qui fait la solidité de l'entreprise et non (seulement) le chiffre d'affaires.

Le ratio **10** $\dfrac{\text{frais de déplacements, séjours et divers} \times 100}{\text{chiffre d'affaires}}$

est très utile à contrôler dans les **entreprises de commerçants itinérants,** surtout dans les **grandes entreprises.** On peut aussi le calculer par personne[1].

Le ratio **11** $\dfrac{\text{nombre de nouveaux clients}}{\text{nombre de clients perdus}}$

devrait évidemment être supérieur à 1. Ce ratio est difficile à établir car la saisie des informations est aléatoire.

Le ratio **12** $\dfrac{\text{nombre de nouveaux clients} - \text{nombre de clients perdus}}{\text{nombre de clients totaux}}$

est un ratio de renouvellement (ou de fidélité). Ce ratio nécessite des comptages délicats et fastidieux.

Le ratio **13** $\dfrac{\text{coût du service commercial} \times 100}{\text{chiffre d'affaires}}$

peut être utile pour faire des comparaisons intra-entreprises qui ont plusieurs activités ou inter-entreprises. Mais l'interprétation honnête est bien difficile car on ne prend pas toujours les mêmes éléments de comparaison.

---

6   LES RATIOS DE GESTION DES RESSOURCES HUMAINES SONT DIFFICILES À ÉTABLIR ET PEUVENT DÉCLENCHER LES PASSIONS

La gestion des Ressources Humaines est celle des acteurs de l'entreprise. En principe, il n'y a rien de plus facile que de compter des hommes et des femmes. Il s'agit de nombres entiers, sans décimale.

---

1. *Dans ce cas, il est souhaitable que la personne soit prévenue et adhère – si possible – à ce contrôle.*

Il faut savoir que le plan comptable apporte des précisions sur la façon de calculer l'effectif moyen (voir les définitions) mais cette définition date de 1982 et, depuis, les choses, les mœurs, les habitudes de travail et de production, la sociologie, le droit du travail, les administrations publiques et les syndicats ont beaucoup évolué.

Comment prendre en compte dans les effectifs et sur quels espaces de temps :

- les CDD,
- les CDI,
- l'intérim,
- le façonnage,
- la sous-traitance,
- le temps partiel,
- le temps partagé,
- l'absentéisme formation,
- l'absentéisme social,
- l'absentéisme maladie,
- les travailleurs à domicile,
- le travail hors du temps (les commerciaux à l'étranger),
- le travail payé en honoraires,
- etc. ?

Suivant la façon de compter légalement, juridiquement, physiquement, statistiquement les acteurs de l'entreprise, certains ratios sont complètement hétérogènes d'une entreprise à une autre comme, par exemple, le ratio :

$$\frac{\text{chiffre d'affaires (ou production)}}{\text{effectif}}$$

L'une des solutions est de se méfier de ce ratio quand le mot « effectif » n'est pas bien défini. Dans le cadre d'une entreprise, il est absolument impératif de définir le contenu du mot « effectif » ; contenu qui, d'ailleurs, peut être parfois différent d'un ratio à un autre. Il est normal de s'en tenir aux textes légaux quand ils existent, par exemple en matière d'accidents du travail.

En général, devant la complexité croissante des techniques et des multiples façons d'interpréter les textes, on sait de moins en moins bien mesurer le temps travaillé et les effectifs... alors, on peut douter de la précision de certains ratios.

Les ratios calculés à partir des hommes et femmes de l'entreprise ont des caractéristiques communes :

➡ Ils sont **difficiles à établir** car la valorisation du numérateur et du dénominateur peut faire l'objet de contestations telles que les effectifs, les jours de grève, les rémunérations, l'absentéisme, le coût de l'heure, etc.

➡ Ils sont susceptibles de **déclencher des passions** parce que les unités de mesure ne sont pas précisées ; par exemple, que met-on dans les charges sociales facultatives ? une écorchure sans la moindre gravité est-elle un accident du travail ?

➡ Ils ne sont souvent utiles que dans les **grandes entreprises** ou pour les petites entreprises par l'intermédiaire des syndicats professionnels.

➡ Ils ne sont à établir et à analyser que **sur l'année,** rarement à périodes plus rapprochées.

➡ Ce sont souvent des ratios d'**information** et parfois de décisions (accidents du travail).

➡ Ils sont « décentralisables » dans les grandes entreprises et peuvent **susciter des remises en cause** lorsque de grands écarts apparaissent d'une unité à une autre.

➡ La plupart de ces ratios peuvent être calculés **par catégorie socio-professionnelle** mais cette subdivision ne paraît pas toujours indispensable.

➡ Ils sont utilisables comme support de **négociations sociales** (analyses et études des comités d'entreprises).

➡ Ils permettent de se situer au **niveau national,** la plupart de ces ratios étant publiés par les administrations publiques ou les syndicats professionnels et nationaux.

Quels ratios utiliser au niveau des fonctions

1	ratio de charges sociales	$$\dfrac{\text{charges sociales}}{\text{effectif}}$$
2	autre ratio de charges sociales	$$\dfrac{\text{charges sociales} \times 100}{\text{masse salariale}}$$
3	autre ratio de charges sociales	$$\dfrac{\text{charges sociales} \times 100}{\text{chiffre d'affaires}}$$
4	ratio de réprésentation du personnel	$$\dfrac{\text{heures de délégation}}{\text{heures de production}}$$
5	autre ratio de réprésentation du personnel	$$\dfrac{\text{heures de délégation} \times \text{coût moyen horaire} \times 100}{\text{masse salariale}}$$
6	ratio des charges sociales facultatives	$$\dfrac{\text{charges sociales facultatives} \times 100}{\text{charges sociales totales}}$$
7	ratio d'absentéisme *	$$\dfrac{\text{heures d'absentéisme} \times 100}{\text{heures totales payées}}$$
8	ratio d'accident du travail *	$$\dfrac{\text{accidents du travail}}{\text{effectif}}$$
9	ratio de rémunération	$$\dfrac{\text{rémunération brute}}{\text{effectif d'une catégorie socio-professionnelle}}$$
10	ratio d'effectif	$$\dfrac{\text{effectif sorti} \times 100}{\text{effectif total}}$$

---

* *Indispensable à connaître.*

11	ratio de CDD	$$\dfrac{CDD \times 100}{CDD + CDI}$$
12	ratio de chômage technique	$$\dfrac{\text{chômage technique en heures} \times 100}{\text{heures totales travaillées} + \text{heures chômées}}$$
13	ratio de coût de la formation	$$\dfrac{\text{coût de la formation} \times 100}{\text{coût de la production}}$$
14	autre ratio de coût de la formation *	$$\dfrac{\text{coût de la formation}}{\text{effectif}}$$
15	ratio de grève	$$\dfrac{\text{journées de grève} \times 100}{\text{nombre de journées travaillées}}$$
16	autre ratio de grève *	$$\dfrac{\text{heures de grève} \times 100}{\text{heures totales théoriques}}$$
17	ratio de litiges	$$\dfrac{\text{nombre de litiges transmis à l'inspection du travail}}{\text{effectif}}$$
18	autre ratio de litiges	$$\dfrac{\text{nombre de litiges transmis aux Prud'hommes}}{\text{effectif}}$$

Tous ces ratios doivent couvrir des périodes identiques pour le numérateur et le dénominateur.

---

* *Indispensable à connaître.*

Nos commentaires

Le ratio **1** $\dfrac{\text{charges sociales}}{\text{effectif}}$

présente peu d'intérêt.

Le ratio **2** $\dfrac{\text{charges sociales} \times 100}{\text{masse salariale}}$

est intéressant quels que soient l'importance et le secteur de l'entreprise.
Il faut en exclure tout ce qui n'est pas payé par un bulletin de salaire (exclure l'intérim en particulier, les honoraires, etc.).
On peut prendre les charges sociales **totales** ou les charges sociales **obligatoires** ou les charges sociales **facultatives** ou les charges sociales patronales ou les charges sociales **salariales**. La définition et le contenu du terme « charges sociales » doivent être précisés.

Le ratio **3** $\dfrac{\text{charges sociales} \times 100}{\text{chiffre d'affaires}}$

n'offre que bien peu d'intérêt sinon de susciter des polémiques.

Le ratio **4** $\dfrac{\text{heures de délégation}}{\text{heures de production}}$

et

Le ratio **5** $\dfrac{\text{heures de délégation} \times \text{coût moyen horaire} \times 100}{\text{masse salariale}}$

sont à usage interne et sont à l'origine de discussions souvent stériles mais il faut avoir une idée de leur évolution.
Le nombre d'heures de délégation, le coût de l'heure pris en considération, le nombre d'heures théoriques de production sont autant de **sujets de contestations**.

Le ratio **6** $\dfrac{\text{charges sociales facultatives} \times 100}{\text{charges sociales totales}}$

néccesssite de bien définir le contenu des charges sociales facultatives (pas si simple). Il est peu comparable avec des ratios du même type à l'échelon national.

Les ratios

Le ratio **7** $\dfrac{\text{heures d'absentéisme} \times 100}{\text{heures totales payées}}$

est à établir par catégorie socio-professionnelle et par secteur d'activité. Il est indispensable de l'établir par cause d'absentéisme encore que ce critère soit à la limite de la légalité. Les ratios de ce type conduisent à des **discussions sans fin.**

Le ratio **8** $\dfrac{\text{accidents du travail}}{\text{effectif}}$

doit être établi par type d'accident (travail, trajet), par niveau de perte (avec ou sans arrêt de travail, hospitalisation) et par nature d'accident (causes). L'évolution de ce ratio **doit entraîner des décisions.**

Le ratio **9** $\dfrac{\text{rémunération brute}}{\text{effectif d'une catégorie socio-professionnelle}}$

est intéressant mais, en général, on ne sait pas trop quoi en faire sinon de chercher les causes de son évolution avec un certain retard.
Il faut noter que la rémunération globale évolue soit par rotation du personnel, soit par ancienneté, soit par promotion individuelle, soit par augmentation générale.

Le ratio **10** $\dfrac{\text{effectif sorti} \times 100}{\text{effectif total}}$

(sous différentes formes) donne une indication (parmi bien d'autres) du **climat social** de l'entreprise. Une forme plus élaborée de ce ratio est le suivant :

$$\dfrac{\text{effectif final}}{\text{effectif initial} + \text{entées} + \text{sorties}}$$

Le ratio **11** $\dfrac{\text{CDD} \times 100}{\text{CDD} + \text{CDI}}$

n'a pas grand intérêt sauf cas très particuliers dans certains secteurs professionnels (travaux publics, grande distribution, entreprises saisonnières, etc.).

Le ratio **12**
$$\frac{\text{chômage technique en heures} \times 100}{\text{heures totales travaillées} + \text{heures chômées}}$$

doit susciter, à la fois, des explications (pourquoi) et être utilisé en **gestion budgétaire pour l'exercice suivant.**

Le ratio **13**
$$\frac{\text{coût de la formation} \times 100}{\text{coût de la production}}$$
et

le ratio **14**
$$\frac{\text{coût de la formation}}{\text{effectif}}$$

sont deux ratios essentiels à calculer au moins une fois par an. Pour les calculer, il faut inclure dans le **coût de la formation,** les salaires, les frais de séjours et de déplacements, les honoraires des animateurs, les factures des organismes de formation et le coût de services spécialisés de l'entreprise.

Le ratio **15**
$$\frac{\text{journées de grève} \times 100}{\text{nombre de journées travaillées}}$$
et

le ratio **16**
$$\frac{\text{heures de grève} \times 100}{\text{heures totales théoriques}}$$

sont deux ratios présentant **de véritables pièges :** il y a ceux qui font la grève sans être payés, ceux qui la font mais sont payés, ceux qui la font mais travaillent « quand même », ceux qui défilent dans les rues et ceux qui cultivent leur jardin, etc. De plus, le dénominateur présente bien des interprétations quant à leur valorisation : par exemple, faut-il ou non tenir compte des heures supplémentaires ?

Le ratio **17**
$$\frac{\text{nombre de litiges transmis à l'inspection du travail}}{\text{effectif}}$$
et

le ratio **18**
$$\frac{\text{nombre de litiges transmis aux Prud'Hommes}}{\text{effectif}}$$

sont deux ratios à usage de statistiques et n'ont pas un grand intérêt.
Ils peuvent susciter une vague idée du climat social quand il y a de fortes évolutions (en plus ou en moins).

Les ratios

Testez-vous

DANS CES 10 PHRASES SE SONT GLISSÉES 4 ERREURS ! TROUVEZ-LES.

❶ Le ratio de crédit client est calculé à partir du chiffre d'affaires hors taxes du compte de résultat et des créances sur les clients au bilan.

❷ Les méthodes de calcul et le contenu des données doivent être constants pour qu'un ratio soit exploitable sans risques.

❸ Contrairement au crédit client, le crédit fournisseur peut être établi « tous fournisseurs confondus », y compris les importations.

❹ Aucun ratio ne peut être calculé à partir de données fiscales dans une entreprise.

❺ Il existe des ratios inutiles.

❻ Les différences d'inventaires des stocks aval peuvent être rapportées au chiffre d'affaires.

❼ Le ratio « chiffre d'affaires / vendeur » peut faire l'objet de comparaisons entre les entreprises d'un même secteur.

❽ Les ratios de rendement consistent à rapporter une forme d'activité à une unité d'œuvre.

❾ Les ratios établis à partir d'effectifs peuvent donner lieu à des difficultés d'interprétation à cause de la notion « d'effectif ».

❿ Les ratios n'ont rien à voir avec le contrôle budgétaire.

commentaires page 217

Cas n° 8 : SPM

La Spm (société de petits articles ménagers) fabrique quatre types d'ustensiles ménagers : passoires, tire-bouchons, ouvre-boîtes et casseroles soit environ 150 produits différents.

Son activité est peu soumise aux crises économiques, l'achat de ces produits étant un nécessité pour les ménagères et représentant des dépenses fort modestes pour elles.

L'entreprise vend sa production dans toute l'Europe – y compris en Europe de l'Est – à des grossistes et à des centrales d'achat.

Si les gammes de produits sont stables depuis plus de 20 ans, par contre les produits sont renouvelés en permanence par l'imagination débordante de l'équipe de recherche et de marketing.

La comptabilité analytique peut se résumer – pour une étude préliminaire et simplifiée – aux quelques chiffres portés sur le tableau ci-dessous.

Peut-on envisager de supprimer une gamme de produits pour améliorer la rentabilité ?

En milliers d'Euros (K€)
(année 2001)

		coûts variables	chiffre d'affaires HT
1	passoires	1 102	1 215
2	tire-bouchons	508	643
3	ouvre-boîtes	756	956
4	casseroles	6 020	6 333
5	coût de structure : 650		
		8 386	9 147

* Les solutions sont en annexes, page 239

L'essentiel...

Les ratios liés au contrôle de gestion sont souvent spécifiques aux entreprises et à leur métier de base.

Ceux qui sont regroupés dans le chapitre 4 sont généralement admis quelleque soit la taille de l'entreprise et sa typologie.

Ils font l'objet de multiples adaptations suivant le secteur de l'entreprise : industrielle, commerciale, agro-alimentaire, tertiaire, haute technologie...

Rappel des ratios principaux :

$$\frac{production}{effectif} \qquad \text{page 162}$$

$$\frac{heures\ supplémentaires \times 100}{heures\ totales\ de\ production} \qquad \text{page 162}$$

$$\frac{sous\text{-}traitance}{production} \qquad \text{page 162}$$

$$\frac{temps\ prévu}{temps\ passé} \qquad \text{page 163}$$

$$\frac{coût\ réalisé}{coût\ standard} \qquad \text{page 164}$$

$$\frac{coût\ de\ structure \times 100}{production} \qquad \text{page 164}$$

$$\frac{quantités\ rebutées}{quantités\ produites} \qquad \text{page 168}$$

Quels ratios utiliser au niveau des fonctions

QUATRIÈME PARTIE

Quels ratios sont utilisés pour la veille économique ?

La mondialisation ou globalisation entraîne par nécessité l'échange d'une grande quantité d'informations plus ou moins synthétiques pour comprendre l'évolution et prendre des décisions.

Les ratios d'économie générale servent essentiellement à mesurer l'évolution des grandes entités géographiques et économiques : États, Nations, Continents du type Europe zone, Euro ou hors zone Euro ou hors communauté, Amérique du Nord, Amérique du Sud, États du Sud-Est asiatique... dont les limites sont évolutives ce qui ne simplifie pas l'analyse.

Ces ratios servent à mesurer et à comparer des performances macro-économiques.

1   Les ratios d'économie générale mesurent la santé économique d'une nation et n'ont d'intérêt que dans leur évolution

2   Se concentrer sur quelques-uns des innombrables ratios de conjoncture

3   Commentaires sur les ratios essentiels

1 LES RATIOS D'ÉCONOMIE GÉNÉRALE MESURENT LA SANTÉ ÉCONOMIQUE D'UNE NATION ET N'ONT D'INTÉRÊT QUE DANS LEUR ÉVOLUTION[1]

Ces ratios sont importants à plusieurs titres.

➥ Il faut les considérer comme une **mesure de la santé économique** d'une nation ou d'une communauté économique ou groupe d'États.

➥ Ils sont **utiles pour les entreprises** qui exportent (ou qui importent), qui se délocalisent ou transmettent des savoir-faire et surtout pour celles qui ont une stratégie à l'exportation et/ou à l'importation.

➥ Ils permettent d'apprécier les **performances relatives.** Ainsi, il est excellent pour une entreprise de technologie concurrentielle de développer la rentabilité dans un pays riche mais peu performant de développer la productivité d'une usine de textile dans un pays où le PIB / habitant est proche du seuil de pauvreté.

➥ Tous ces ratios sont liés à la conjoncture et peuvent **évoluer rapidement** sinon même brusquement.

➥ **Ces ratios n'ont d'intérêt que dans leur évolution** (comme pour la plupart des ratios).

➥ Ils nécessitent d'avoir des règles et des procédures communes.

➥ Ils montrent, en général, une certaine cohérence.

➥ Le nombre de ratios indiqué ici est infime par rapport à ceux publiés par tous les États et les organismes de statistiques.

➥ Ces ratios sont souvent le **reflet d'une politique** sinon même d'une idéologie (avec prudence).

➥ Ces ratios permettent des **comparaisons** et des choix (régression, développement, investissements, délocalisation, etc.).

---

1. *Nations ou groupe de nations ce qui n'est pas toujours facile à déterminer car la géographie économique est à géométrie variable... par exemple l'Europe.*

LES PRINCIPAUX INDICES DE COMPARAISON [1]

production industrielle, PIB
commerce extérieur,
épargne, épargne des ménages,
investissement des entreprises
(publiques et privées),
bourse sur les places significatives,
monnaie, évolution par rapport
aux autres monnaies,

chômage,
prix de détail et de gros, matières
premières,
consommation globale, des ménages,
coût de l'argent sur les différents
marchés (court terme, long terme),
population globale, active,
non statutaire...

---

2 SE CONCENTRER SUR QUELQUES-UNS DES INNOMBRABLES RATIOS DE CONJONCTURE

Parmi les agrégats les plus contrôlés, on peut citer :

- les prix,
- la monnaie,
- le chômage (l'emploi),
- le commerce extérieur,
- la production,
- la consommation,
- le revenu,
- l'épargne,
- etc.

Chacun de ces agrégats est suivi en indices et une très grande quantité de ratios est calculée tous les mois. Si l'on prend deux par deux seulement ces neuf postes (et cette liste est bien réduite), on arrive à un nombre de ratios inexploitable.

Les pages suivantes se limitent à 12 ratios que chacun doit connaître, ce qui nécessite d'apporter quelques précisions préalables :

➡ prix de gros, de détail, des matières premières... ils sont suivis en indices avec des regroupements plus ou moins complexes,

---

1. *Dont on retrouve les éléments dans les ratios de conjoncture.*

➡ **balance des paiements,** réserves de devises, taux d'intérêts, taux de change,

➡ offres d'**emploi,** demandes d'emploi,

➡ importations, exportations, taux de couverture, **balance commerciale,**

➡ **FBCF** = formation brute de capital fixe (investissements au niveau d'une nation),

➡ **production** industrielle, production de biens et de services, production intérieure brute,

➡ **revenu** des ménages, revenu des entreprises, revenu brut, revenu disponible,

➡ **épargne** globale, épargne des ménages, bourses, autofinancement des entreprises.

3 COMMENTAIRES SUR LES RATIOS ESSENTIELS[1]

1   ratio de
niveau de vie *

$$\frac{\text{PIB}}{\text{nombre d'habitants}}$$

2   ratio de taux
de croissance *

$$\frac{\text{PIB (N+1)} - \text{PIB (N)} \times 100}{\text{PIB (N)}}$$

3   ratio de propension
à consommer

$$\frac{\text{consommations}}{\text{revenu disponible (après épargne)}}$$

4   ratio de taux de croissance
de la consommation

$$\frac{\text{consommations (N+1)} - \text{consommations (N)}}{\text{consommation (N)}}$$

---

*   *Indispensable à connaître.*

1. *Tous les ratios de ce paragraphe peuvent être exprimés en pourcentage.*

5	ratio de propension à épargner	$\dfrac{\text{épargne}}{\text{revenu disponible}}$
6	ratio de taux d'autofinancement	$\dfrac{\text{autofinancement des entreprises}}{\text{investissement des entreprises}}$
7	ratio de productivité du travail	$\dfrac{\text{production (PIB)}}{\text{main-d'œuvre (salariés du secteur marchand)}}$
8	ratio de vitesse de circulation de la monnaie	$\dfrac{\text{PIB}}{\text{masse monétaire M2}^1}$
9	ratio de taux de couverture (par période)	$\dfrac{\text{exportations} \times 100}{\text{importations}}$
10	ratio de taux de chômage *	$\dfrac{\text{nombre de chômeurs} \times 100}{\text{population active}}$
11	ratio d'indice des prix	$\dfrac{\text{indice (M-1)} - \text{indice (M)} \times 100}{\text{indice (M-1)}}$
12	ratio de dépassement budgétaire[2] *	$\dfrac{\text{« déficit » budgétaire (ou excédent)}}{\text{PIB}}$

Les commentaires – un peu lapidaires – ci-dessous montrent combien ces ratios ont une importance sur les décisions à prendre pour les entreprises.

---

* *Indispensable à connaître.*

1. *M1 = billets et dépôts à vue.*
   M2 = M1 + dépôts à terme et comptes d'épargne.
2. *Ou évolution budgétaire, car il y a, parfois, des excédents budgétaires.*

Quels ratios sont utilisés pour la veille économique ?

Le ratio **1** $\dfrac{\text{PIB}}{\text{nombre d'habitants}}$

n'indique pas un niveau de bonheur ou de satisfaction (absolument impossible à chiffrer) mais un niveau de vie, de **richesse**. On peut rappocher cet indice de celui des biens possédés par habitant (ou par ménage).

exemples $\quad\dfrac{\text{nombre de voitures}}{\text{nombre de foyers}}\qquad\dfrac{\text{nombre de bicyclettes}}{\text{nombre d'habitants}}$

Le ratio **2** $\dfrac{\text{PIB (N+1)} - \text{PIB (N)} \times 100}{\text{PIB (N)}}$

est un taux de croissance calculé mensuellement. C'est (un peu) un **indice de satisfaction**... ou de déprime. Il est possible que ce ratio soit proche de zéro ou, même, négatif.

Le ratio **3** $\dfrac{\text{consommations}}{\text{revenu disponible (après épargne)}}$

montre dans quelle mesure la population a confiance en l'avenir. C'est presque un **indice de confiance**. Cet indice est en décroissance quand le chômage et l'épargne sont en hausse. La variation de ce ratio est en corrélation avec l'évolution des investissements et de la variation des stocks (avec décalages de temps).

Le ratio **4** $\dfrac{\text{consommations (N+1)} - \text{consommations (N)}}{\text{consommation (N)}}$

a les mêmes caractéristiques que le précédent.

Le ratio **5** $\dfrac{\text{épargne}}{\text{revenu disponible}}$

montre la **sagesse** de la population. C'est aussi parfois un indice de confiance devant l'avenir et de méfiance dans le présent.

Le ratio **6**
$$\frac{\text{autofinancement des entreprises}}{\text{investissement des entreprises}}$$

qui existe au niveau de chaque entreprise explique l'évolution des investisse-ments et des trésoreries. Lorsque ce ratio monte, c'est que les entreprises engrangent des réserves et qu'elles investissent moins. Par contre, ce ratio démontre une **qualité du financement** (pas toujours la meilleure surtout quand les taux d'emprunt sont très faibles).

Le ratio **7**
$$\frac{\text{production (PIB)}}{\text{main-d'œuvre (salariés du secteur marchand)}}$$

est un indice de **productivité nationale** qui peut expliquer – pour une petite partie – l'évolution du chômage (en globalité).

Le ratio **8**
$$\frac{\text{PIB}}{\text{masse monétaire}}$$

est un ratio technique et très simplifié parmi une bonne dizaine du même type. Il montre le niveau de **nervosité des affaires** et une progression soit de l'inflation, soit de la déflation.

Le ratio **9**
$$\frac{\text{exportation} \times 100}{\text{importations}}$$

est l'expression en valeurs relatives d'un écart en valeurs absolues. Il est à noter que la **balance commerciale** peut être excédentaire et la **balance des paiements,** déficitaire (la trésorerie au niveau du bilan d'une entreprise peut être négative et le profit en évolution satisfaisante tout au moins sur courte période).

Le ratio **10**
$$\frac{\text{nombre de chômeurs} \times 100}{\text{population active}}$$

existe sous au moins 20 formes différentes. Ce ratio est à analyser par catégorie socio-professionnelle, par métier ou secteur d'activité, par âge, par région, etc. Un ratio très révélateur n'est jamais publié pour ne pas affoler les populations :

$$\frac{\text{nombre de chômeurs réels}}{\text{population active non protégée (c'est-à-dire hors fonction publique et statutaires)}}$$

Quels ratios sont utilisés pour la veille économique ?

Le ratio **11** $\dfrac{\text{indice (M} - \text{I)} - \text{indice (M)} \times 100^{1}}{\text{indice (M} - \text{I)}}$

montre l'**évolution des prix,** c'est-à-dire l'évolution de l'inflation ou de la déflation (en simplifiant). Il est subdivisé, entre autres, en prix de gros et prix de détail.

Le ratio **12** $\dfrac{\text{« déficit » budgétaire (ou excédent)}}{\text{PIB}}$

démontre qu'il n'y a que trois façons de rester sage :
- augmenter le PIB (produire plus sans stocker),
- diminuer les dépenses de l'État (et des collectivités territoriales),
- augmenter les recettes, c'est-à-dire les impôts et taxes diverses (façon peu sympathique de rester sage !).

---

1. *Indice des prix.*

Testez-vous

DANS CES 10 PHRASES SE SONT GLISSÉES 4 ERREURS ! TROUVEZ-LES.

❶ Un ratio de rentabilité peut être négatif.

❷ Le ratio de solvabilité permet de mesurer dans quelle mesure une entreprise est libre vis-à-vis des banques.

❸ Les amortissements fiscaux rapportés aux valeurs brutes des immobilisations permettent de se faire une idée – pas toujours très précise – du taux de vieillissement.

❹ Il ne faut pas prendre en compte les produits financiers et exceptionnels pour calculer la rentabilité commerciale.

❺ D'une entreprise à l'autre, les effectifs des services achats sont quasiment proportionnels au montant des achats.

❻ Les ratios tirés de l'économie générale ont très peu d'intérêt, en général, pour la gestion d'une entreprise.

❼ Les dettes aux fournisseurs d'immobilisations doivent être séparées des autres fournisseurs pour calculer le crédit fournisseur.

❽ Le PER s'exprime par le ratio « cours de l'action / bénéfice net par action ».

❾ Le crédit client calculé en nombre de mois a une importance essentielle dans les hypermarchés.

❿ La qualité ne peut donner lieu à aucun ratio car elle n'est pas mesurable.

commentaires page 217

© Éditions d'Organisation

 **L'essentiel...**

Les ratios d'économie générale sont de plus en plus nombreux tant en ce qui concerne leurs dénominations que leur diffusion.

Ils progressent en quantité du fait du développement des statistiques, elles-mêmes en croissance exponentielle par suite des merveilles informatiques et autres technologies de plus en plus perfectionnées.

La globalisation des marchés et des échanges va encore en augmenter le nombre. Cependant on peut – en simplifiant abusivement – limiter la liste à quatre types de ratios principaux encore que ces ratios mériteraient beaucoup d'explications et de précisions quant à leur établissement – récolte des informations en particulier – et leur interprétation.

Ces ratios nous concernent tous si l'on veut comprendre l'évolution du monde.

Rappel des ratios principaux :

CINQUIÈME PARTIE

Quels ratios spécifiques utiliser en fonction de son métier et de son secteur d'activité ?

Cette partie regroupe les ratios les plus connus propres à certaines activités. Ils sont établis et exploités tant au niveau des entreprises que des syndicats professionnels et de certaines administrations.

1 Les ratios sont souvent semblables mais les mots et concepts changent au gré du langage spécifique de chaque profession

2 Les ratios du secteur bancaire

3 Les ratios du secteur de la vente à distance

4 Les ratios du secteur de l'automobile

5 Les ratios du commerce de détail

6 Les ratios applicables aux associations

7 Les ratios applicables aux administrations

8 Les ratios applicables au secteur de la santé

9 Les ratios du BTP

10 Les ratios des transports

11 Les ratios applicables au domaine de l'agriculture

12 Les ratios de la grande distribution

1   LES RATIOS SONT SOUVENT SEMBLABLES MAIS LES MOTS ET CONCEPTS CHANGENT AU GRÉ DU LANGAGE SPÉCIFIQUE À CHAQUE PROFESSION

Les ratios présentés dans ce livre ont une application dans toute entreprise ou association ou dans tout système socio-économique ou administratif. Mais les mots et les concepts changent au gré du langage et de l'activité spécifiques à chaque profession.

Il y a donc nécessité d'imaginer des formes ou des formulations de ratios en fonction des besoins d'information de gestion ou de management des différents secteurs.

On n'évoquera ici que quelques ratios parmi les milliers de professions existantes et à venir.

La classification des ratios évoqués pages 47 à 49 se retrouve dans tous les métiers, dans tous les secteurs d'activités, quelle que soit la forme de l'entreprise, de l'organisme, de l'association ou de l'administration.

2   LES RATIOS DU SECTEUR BANCAIRE

Dans les banques, l'**argent est une marchandise** qu'elles achètent et qu'elles vendent. C'est, aussi, une entreprise de location d'argent : elle loue l'argent comme d'autres louent des voitures. La banque prête à certains ce qu'elle emprunte à d'autres. Enfin, la banque est un prestataire de services.

Dès lors, les ratios auront le même sens qu'ailleurs mais avec des termes différents.

La rotation des stocks sera la rotation de l'argent, la solvabilité sera le rapport de ses capitaux propres sur les capitaux empruntés.

Les principaux ratios (réglementaires) des banques sont :

➡ le ratio de solvabilité européen RSE (ancien ratio COOKE)

$$\frac{\text{fonds propres} \times 100}{\text{emplois pondérés}} \quad (8~\% \text{ minimum})$$

➡ le coefficient de transformation

$$\frac{\text{fonds propres nets + partie à plus de 5 ans des ressources} \times 100}{\text{partie à plus de 5 ans des emplois}} \quad (6~\% \text{ minimum})$$

➡ ratio de liquidité

$$\frac{\text{actif liquide à moins d'un mois} \times 100}{\text{passif exigible à moins d'un mois}} \quad (\text{supérieur ou égal à } 100~\%)$$

Par ailleurs, le chiffre d'affaires des banques s'appelle **produit net bancaire** (et non la masse d'argent prêté) comprenant les rémunérations des prêts, les commissions et les produits accessoires.

À partir de ces quelques indications, la plupart des ratios bancaires sont très proches de ceux d'une entreprise classique.

3   LES RATIOS DU SECTEUR DE LA VENTE À DISTANCE

Dans ces entreprises, les ratios les plus importants sont les suivants :
- **crédit client** et délai de récupération des créances,
- **rotation des stocks** (par catégorie),
- **frais de transports, manutention et expédition** / chiffre d'affaires,
- **nombre de retours et de réclamations** / quantités et valeurs expédiées.

L'évolution des ratios de productivité et de rendement fait partie des tableaux de bord.

4 LES RATIOS DU SECTEUR DE L'AUTOMOBILE

Tous les ratios sont utilisables dans ces industries, les plus importants actuellement étant :

- **la rotation des stocks,**
- **la productivité et le rendement** (quantités produites / effectif),
- **la rentabilité,**
- **les indices de progression** (ventes et immatriculation),
- **parts de marché.**

5 LES RATIOS DU COMMERCE DE DÉTAIL

La rotation des stocks des marchandises à revendre en l'état par catégorie est un ratio très important surtout si le commerce a une activité saisonnière.

Les ratios de crédits fournisseurs sont à surveiller de près.

Parmi les ratios importants, on peut citer :

- **frais financiers / chiffre d'affaires,**
- **rentabilité commerciale par catégorie** : marge commerciale / chiffre d'affaires,
- **le taux de retours et rendus par les clients.**

6 LES RATIOS APPLICABLES AUX ASSOCIATIONS

Les associations à caractère et activité commerciaux sont des entreprises classiques à ceci près (et c'est très important) qu'**elles ne disposent pas de capitaux propres** mais de réserves et qu'elles ne distribuent pas de dividendes.

Tous les ratios liés à l'**autofinancement** sont les indicateurs essentiels. Les taux de rentabilité exprimés à partir de l'autofinancement doivent être plus élevés que dans les entreprises classiques du fait que le ratio autofinancement × 100 / investissement doit être au minimum de 100 %, les prêts bancaires étant difficiles à obtenir.

Pour les associations sans but lucratif, la notion de chiffre d'affaires est à remplacer par celle des **dons et cotisations.**

Les ratios les plus importants sont les suivants :

$$\frac{\text{disponibilités}}{\text{découvert}}$$

Ce ratio doit toujours être supérieur à 1, les disponibilités devant toujours faire l'objet de placements.

Les ratios de **productivité mesurent l'efficacité** de l'association.

La rentabilité des associations doit être contrôlée, étant évident qu'elle doit tendre vers zéro sans jamais devenir négative, la rentabilité zéro ne signifiant pas que les ressources et la trésorerie soient nulles.

7 LES RATIOS APPLICABLES AUX ADMINISTRATIONS

Dans les administrations, la **rentabilité** est, par principe, zéro mais ne devrait **jamais être négative.**

Les ratios contrôlés portent essentiellement sur la **productivité et les rendements** d'une part et les **ratios de qualité** d'autre part.

Le choix des unités d'œuvre pour mesurer la production est parfois difficile à trouver, en particulier dans les organismes centraux de la fonction publique.

L'heure de présence est une unité d'heure artificielle sauf dans certains services de sécurité ou dans les domaines de l'enseignement.

Le nombre de dossiers traités et le nombre de documents diffusés, de personnes reçues, de litiges réglés... peuvent être des unités d'œuvre – ou de mesure – possibles.

8 LES RATIOS APPLICABLES AU SECTEUR DE LA SANTÉ

Dans ces domaines d'activité, les ratios prennent rapidement une connotation philosophique : la santé est un droit imprescriptible, la santé n'a pas de prix... etc.

En fait, dans ces domaines, tous les ratios de ce livre sont applicables, que ce soit des hôpitaux, des laboratoires ou des groupements de médecins.

Par contre, **la difficulté est de définir des normes** acceptables à ne pas dépasser.

Un ratio de productivité classique est celui-ci :

$$\frac{\text{nombre d'heures de visites} \times 100}{\text{nombre d'heures théoriques de travail}}$$

S'il n'y a pas de normes, on peut en arriver à une visite moyenne de 3 minutes. Un tel ratio doit être « corrélé » avec un ratio de qualité difficile à déterminer surtout dans les hôpitaux.

Un ratio :

$$\frac{\text{clients perdus en un an} \times 100}{\text{nombre de clients moyens dans l'année}}$$

peut être un ratio de qualité pour un médecin généraliste mais pas pour un chirurgien spécialiste de l'appendicite.

9 LES RATIOS DU BTP

Dans ce secteur à cycle de fabrication souvent long, les ratios suivants sont importants :

- **couverture des travaux en cours** par les avances et acomptes reçus des clients,

- **investissements sur chantiers** (parfois non récupérés en fin de chantier) ; dans ce cas, il y a lieu de les déduire des immobilisations et de les ajouter aux en-cours,
- la **sous-traitance** (ou cocontractance) fausse les ratios calculés à partir de la valeur ajoutée,
- le **personnel loué** (intérim) est à réintégrer dans les effectifs pour les ratios de rendement,
- la **saisonnalité** est un facteur de trouble dans l'interprétation des ratios.

10   LES RATIOS DES TRANSPORTS

Dans ce domaine, ce sont les unités d'œuvre qu'il faut définir, souvent en **unités d'œuvre composées** : tonne / kilomètre, kilomètre / passager.
Les ratios d'investissements et d'immobilisations sont très importants (souvent les immobilisations sont le poste le plus important au bilan).

11   LES RATIOS APPLICABLES AU DOMAINE DE L'AGRICULTURE

Dans ce domaine, les jours de sous-activité sont à prendre en considération dans les ratios de rendement.
Les aléas (temps, machines, production) sont nombreux.
Les animaux sont considérés soit comme du stock, soit comme des immobilisations. Tous ces éléments viennent troubler la sérénité des ratios classiques.
La propriété des matériels de production en coopérative ou les stocks à fortes variations en durée d'écoulement obligent à interpréter les ratios classiques avec beaucoup de prudence.
La quasi-totalité des ratios de ce livre sont adaptables à l'agriculture, l'**unité d'œuvre principale étant l'hectare** (ou le mètre carré en horticulture).

12   LES RATIOS DE LA GRANDE DISTRIBUTION

Dans ce secteur, le compte de résultat est bien plus important que le bilan (comme dans la plupart des entreprises de services). De plus, le bilan économique « réévalué » est fort différent du bilan comptable, juridique et fiscal.

Dans la grande distribution (hypermarchés, par exemple), les ratios les plus importants sont les suivants :

- **rotation des stocks** (par rayon),
- **crédit fournisseur,**
- **rendement des surfaces,**
- **coûts de structure / chiffre d'affaires,**
- **ratios de qualité à partir des clients gagnés et perdus** (par l'analyse statistique des chèques et des cartes bancaires).

Conclusion

Le choix des ratios est la conséquence de la prise en compte d'un certain nombre de critères liés en particulier aux besoins, aux nécessités, aux obligations et aux intérêts de chacun.

Le choix des ratios peut dépendre de motivations diverses. C'est l'objet du tableau suivant :

motivations	personnelles	entreprises	État
besoins généraux nécessités globales	• comprendre[1] • s'interroger[1] • progresser	• gérer • décider • comparer • diffuser	• définir une politique économique
intérêts personnels	• savoir[2] • comprendre • se former	• respecter les impératifs de tableaux de bord • s'intégrer	• s'informer et • informer[3]

En tout cas, apprendre par cœur le livre et vouloir à tout prix caser les 200 ratios dans des conversations ou dans des rapports professionnels est une méthode de sélection particulièrement débile.

---

1. *Cas particulier du cadre en recherche d'une nouvelle fonction dans une nouvelle entreprise.*
2. *Savoir est, pour certains, un besoin fondmental. Ils accumulent du savoir comme d'autres collectionnent les timbres ou les vieilles bouteilles.*
3. *Le premier informé a souvent un pouvoir sur les autres, surtout s'il est capable de déchiffrer l'information comme, par exemple, savoir interpréter un ratio.*

Enfin, d'une façon pratique, on peut aussi orienter le choix des ratios essentiels à prendre en considération en fonction de son propre rôle dans l'économie. C'est l'objet du tableau suivant que l'on peut considérer comme une sorte de guide.

rôle économique et niveau de responsabilités tous métiers confondus[1]	pages à lire plus particulièrement[2]
chefs d'entreprises	36 à 43 ; 55 à 65
dirigeants et cadres supérieurs	72 à 80
chefs de PME	36 à 43 ; 144 à 145
artisans	132 à 136 ; 157 à 166
commerçants	175 à 178
responsables d'associations	36 à 43 ; 207
cadres fonctionnels	132 à 143
cadres opérationnels	30 ; 82 à 85 ; 158 à 164
cadres administratifs	144 à 147
médias	31 à 36
médias économiques et financiers	55 à 65 ; 92 à 107 ; 120 à 126
élus politiques	31 à 36 ; 87 à 89 ; 193 à 200
épargnants	120 à 126
étudiants en économie	31 à 36 ; 193 à 200
syndicalistes	30 à 36 ; 87 à 89 ; 180 à 186
responsables d'administartions publiques	36 à 43
juristes	36 à 43 ; 169 à 173
professionnels libéraux	36 à 43 ; 55 à 65

Les ratios classiques de ce livre ne représentent qu'une part fort modeste de ceux utilisés quotidiennement.

Il y a là un **domaine où l'imagination des gestionnaires et des managers peut s'épanouir.**

S'il existe quantité de ratios fantaisistes ou inutiles, par contre, dans le cadre d'une entreprise, il est toujours intéressant de trouver des ratios d'alerte, de clignotants simples à calculer sans coûts excessifs de saisie, de traitement et d'exploitation des informations.

---

1. *Liste non exhaustive.*
2. *Sans oublier les ratios à inventer ou à créer face à chaque situation spécifique (administrations territoriales, services, situations exceptionnelles, etc.).*

Conclusion

Un ratio économisant du temps et du stress est un excellent moyen de progresser.

Un ratio est une mesure technique qui a relativement peu de signification sans commentaires. Les chiffres seuls ne suffisent jamais.

L'analyse des ratios doit toujours tenir compte des aspects économiques et financiers mais aussi – et parfois « surtout » – des aspects sociaux, humains, historiques, culturels, politiques et environmentaux.

Annexes

Commentaires sur les réponses... fausses

pages des tests	numéros des tests		références à consulter (pages)
165	❷	Un indice d'évolution base 100 à une date donnée peut porter sur toute donnée économique et financière : compte de résultat, exploitation, effectifs, etc.	31
	❻	Le plan comptable est un document de plus de 200 pages portant sur la comptabilité générale et la comptabilité analytique. Il ne recommande rien en ce qui concerne les ratios	47
	❼	La rentabilité fait intervenir le résultat (ou une forme de résultat) au numérateur tandis que la productivité rapporte des activités à des moyens, sans tenir compte des résultats	55
	❾	Investir, c'est acheter une voiture. La valeur actuelle de la voiture est celle à la date du bilan : c'est la valeur immobilisée.	112
186	❶	C'est à partir du chiffre d'affaires TTC qu'on peut calculer le crédit client, les créances au bilan étant TTC.	135
	❸	Le crédit fournisseur doit être décomposé en grandes catégories : France, Europe, autres pays ; types de fournisseurs, importance, etc.	136
	❹	Toutes les catégories d'impôts (bénéfices, TVA, taxe professionnelle, plus-values, etc.) peuvent donner lieu à des études d'évolution fort intéressantes pour les entreprises	144
	❿	Les ratios sont un moyen de contrôle et de synthèse absolument essentiel dans le contrôle budgétaire.	155
200	❺	Le ratio « acheteur / achats » dépend des valeurs monétaires, des quantités, de la typologie de l'entreprise et de multiples éléments.	172
	❻	Une entreprise dépend de ses multiples environnements. L'évolution (et les corrélations) des agrégats de l'économie ont une liaison directe avec les décisions de gestion.	193
	❾	Les grandes surfaces ne font pas de crédit aux clients (crédit direct). Ce ratio n'existe pas dans les hypermarchés (sous cette forme).	211
	❿	Il existe des centaines de méthodes pour évaluer la qualité et son évolution.	167

Solutions des cas

Cas n° 1 : KS GARTEN (page 50)
Solution technique : calcul des indices d'évolution
base 100 en 1999 ou au 31.12.1999

COMPTES DE RÉSULTAT

CHARGES

	1999	2000	2001
1 consommation matières et de services	35 193 = 100	$\frac{41\,708}{35\,193} = 119$	$\frac{49\,676}{35\,193} = 141$
2 personnel	26 515 = 100	$\frac{27\,954}{26\,515} = 105$	$\frac{25\,312}{26\,515} = 95$
3 dotation aux amortissements	20 127 = 100	$\frac{19\,732}{20\,127} = 98$	$\frac{18\,782}{20\,127} = 93$
4 résultat*	7 831 = 100	$\frac{26\,634}{7\,831} = 340$	$\frac{21\,077}{7\,831} = 269$

PRODUITS

	1999	2000	2001
5 CA Europe	55 613 = 100	$\frac{64\,986}{55\,613} = 117$	$\frac{66\,555}{55\,613} = 120$
6 CA Export	40 327 = 100	$\frac{62\,481}{40\,327} = 154$	$\frac{61\,477}{40\,327} = 152$
7 CA total*	95 640 = 100	$\frac{127\,467}{95\,640} = 133$	$\frac{128\,032}{95\,640} = 134$

Les deux indices les plus significatifs sont signalés par *.
Ils sont commentés sur les graphiques des pages 220 et 221.

© Éditions d'Organisation

BILAN

ACTIF

	31.12.1999	31.12.2000	31.12.2001
8 immobilisations nettes*	148 730 = 100	$\frac{142\,375}{148\,730} = 96$	$\frac{138\,115}{148\,730} = 93$
9 stocks	36 362 = 100	$\frac{38\,384}{36\,362} = 106$	$\frac{37\,548}{36\,362} = 103$
10 créances sur les clients*	1 020 = 100	$\frac{1\,530}{1\,020} = 150$	$\frac{1\,448}{1\,020} = 142$

PASSIF

	31.12.1999	31.12.2000	31.12.2001
11 dettes à long et moyen terme*	72 320 = 100	$\frac{65\,271}{72\,320} = 90$	$\frac{52\,757}{72\,320} = 73$
12 dettes aux fournisseurs	11 653 = 100	$\frac{13\,125}{11\,653} = 113$	$\frac{11\,841}{11\,653} = 102$
13 dettes à court terme*	1 746 = 100	$\frac{1\,589}{1\,746} = 91$	$\frac{7\,515}{1\,746} = 430$

L'évolution de certains indices n'offre que peu d'intérêt dans ce cas pour une analyse tels que charges diverses, impôts, disponibilités, capitaux propres.

Les quatre indices les plus significatifs sont signalés par *.
Ils sont commentés sur les graphiques des pages 220 et 221.

Solution : commentaires

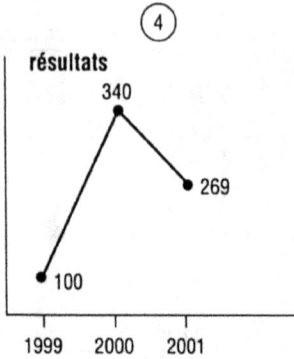

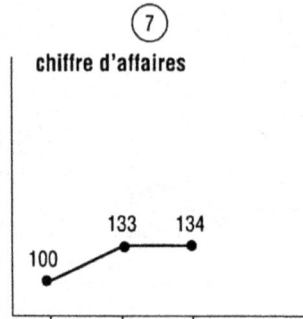

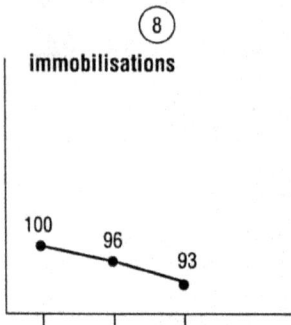

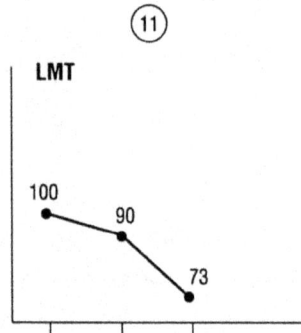

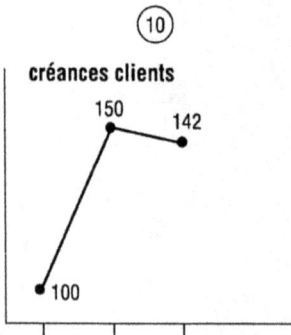

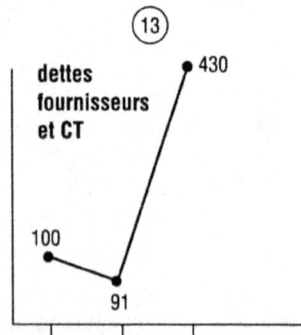

④ résultats

340
269
100

1999   2000   2001

⑦ chiffre d'affaires

133   134
100

⑧ immobilisations

100
96
93

⑪ LMT

100
90
73

⑩ créances clients

150
142
100

⑬ dettes fournisseurs et CT

430
100
91

Cette entreprise a bénéficié d'une année 2000 exceptionnelle. Le résultat passant à l'indice 340 et le chiffre d'affaires à 133 avec, cependant, un crédit client en fort augmentation, ce qui est cohérent avec l'évolution du chiffre d'affaires. Les dettes à long et moyen terme diminuent mais les immobilisations vieillissent.

L'année 2001 montre une stagnation des résultats en diminution mais fait ressortir une situation catastrophique de trésorerie (les dettes à court terme passent de l'indice 91 à 430).

Cette détérioration mérite des explications et doit entraîner des décisions urgentes.

Parmi les hypothèses de détérioration des dettes à court terme, on peut évoquer :

- la défaillance d'un client,
- l'obtention d'un crédit relais en attente d'un prêt à long terme dans le cadre d'un plan d'investissement,
- le ralentissement économique du 2e semestre 2001,
- un incident majeur de production en fin d'exercice,
- une situation exceptionnelle et de courte durée en fin d'exercice.

Les autres indices évoqués – importants à analyser – ne soulèvent pas dans ce cas de commentaires significatifs.

Les indices mentionnés illustrent des points sensibles ; ce sont des outils d'information, de synthèse, d'alerte, de tableau de bord mais ne suffisent pas à gérer une entreprise.

Cas n° 2 : CUISINOX (page 63)
Solution technique

- Calcul des capitaux permanents (en fin d'exercice)

	31.12.1999	31.12.2000	31.12.2001
• capitaux propres	57 200	57 200	57 850
• dettes à long et moyen terme	15 327	18 457	25 630
CAPITAUX PERMANENTS	72 527	75 657	83 480

- Calcul des ratios[1]

intitulé des ratios	méthode de calcul[2]	1999	2000	2001
1 rentabilité d'exploitation	$\dfrac{\text{résultat avant impôt et amort}^1}{\text{chiffre d'affaires HT}}$	$\dfrac{12\ 033}{91\ 753} = 13{,}1\ \%$	$\dfrac{12\ 138}{92\ 620} = 13{,}1\ \%$	$\dfrac{12\ 407}{98\ 052} = 12{,}7\ \%$
2 rentabilité d'exploitation	$\dfrac{\text{résultat}}{\text{chiffre d'affaires HT}}$	$\dfrac{2\ 021}{91\ 753} = 2{,}2\ \%$	$\dfrac{2\ 115}{92\ 620} = 2{,}3\ \%$	$\dfrac{2\ 203}{98\ 052} = 2{,}2\ \%$
3 rentabilité de capitaux propres	$\dfrac{\text{résultat avant impôt et amort}^1}{\text{capitaux propres}^3}$	$\dfrac{12\ 033}{57\ 200} = 21{,}0\ \%$	$\dfrac{12\ 138}{57\ 200} = 21{,}2\ \%$	$\dfrac{12\ 407}{57\ 850} = 21{,}4\ \%$
4 rentabilité de capitaux propres	$\dfrac{\text{résultat}}{\text{capitaux propres}^3}$	$\dfrac{2\ 021}{57\ 200} = 3{,}5\ \%$	$\dfrac{2\ 115}{57\ 200} = 3{,}7\ \%$	$\dfrac{2\ 203}{57\ 850} = 3{,}8\ \%$
5 rentabilité de capitaux permanents	$\dfrac{\text{excédent brut d'exploitation}}{\text{capitaux permanents}}$	$\dfrac{12\ 033}{72\ 527} = 16{,}6\ \%$	$\dfrac{12\ 138}{75\ 657} = 16{,}0\ \%$	$\dfrac{12\ 402}{83\ 480} = 14{,}9\ \%$

---

1. *Liste réduite aux ratios les plus courants.*
2. *Tous les numérateurs sont à multiplier par 100 pour exprimer les ratios en pourcentage.*
3. *En fin d'exercice. Une autre méthode consisterait à prendre la moyenne annuelle calculée sur 4 trimestres ou 12 mois, ce qui s'avère difficile, le bilan ne paraissant que deux fois par an.*

- *Commentaires*

  Les ratios étudiés montrent une très grande stabilité avec une légère dégradation en 2001 malgré une augmentation du chiffre d'affaires de 6,8 % sur la période.

  Il faudrait pouvoir calculer l'autofinancement mais on n'a pas le montant des dividendes et les dotations aux amortissements.

  Il semble *a priori* que cette entreprise bénéficie de capitaux importants pour ce genre d'activité mais qu'elle n'en tire qu'une rentabilité d'exploitation fort modeste et une rentabilité des capitaux particulièrement faible.

  L'évolution des ratios montre qu'il y a certainement des efforts de gestion à faire. C'est le calme plat dans l'opulence des capitaux et la stabilité des habitudes ; gare à la concurrence et aux orages économiques ou, même, aux turbulences sociales.

Cas n° 3 : CODECO (page 108)

Solution technique

<table>
<tr><th></th><th></th><th>1998</th><th>1999</th><th>2000</th><th>2001</th></tr>
<tr>
<td rowspan="6">CALCULS DE BASE</td>
<td>1 capitaux propres moyens
(méthode simplifiée)</td>
<td></td>
<td>$\dfrac{12\,000 + 12\,650}{2}$
12 325</td>
<td>$\dfrac{12\,650 + 13\,102}{2}$
12 876</td>
<td>$\dfrac{13\,102 + 13\,630}{2}$
13 366</td>
</tr>
<tr>
<td>2 capitaux permanents
en fin d'exercice</td>
<td>12 000
2 526
14 526</td>
<td>12 650
2 313
14 963</td>
<td>13 102
2 112
15 214</td>
<td>13 630
2 060
15 690</td>
</tr>
<tr>
<td>3 capitaux permanents
moyens
(méthode simplifiée)</td>
<td></td>
<td>$\dfrac{14\,526 + 14\,963}{2}$
14 745</td>
<td>$\dfrac{14\,693 + 15\,214}{2}$
14 954</td>
<td>$\dfrac{15\,214 + 15\,690}{2}$
15 452</td>
</tr>
<tr>
<td>4 endettement total</td>
<td>2 526
1 225
3 751</td>
<td>2 313
1 718
4 031</td>
<td>2 112
2 024
4 136</td>
<td>2 060
6 754
8 814</td>
</tr>
<tr>
<td>5 fonds de roulement
en fin d'exercice</td>
<td>14 526
− 20 614
− 6 088</td>
<td>14 963
− 18 740
− 3 777</td>
<td>15 214
− 14 874
+ 340</td>
<td>15 690
− 12 628
+ 3 062</td>
</tr>
<tr>
<td>6 autofinancement de
l'exercice
(calculs simplifiés)</td>
<td>3 734
2 615
− 80
6 269</td>
<td>3 615
2 414
− 95
5 934</td>
<td>3 260
3 541
− 115
6 686</td>
<td>3 154
3 815
− 120
6 849</td>
</tr>
<tr>
<td rowspan="3">RATIOS</td>
<td>7 ratio d'endettement LMT
en fin d'exercice

$\dfrac{\text{dettes LMT}}{\text{capitaux propres}}$</td>
<td>$\dfrac{2\,526}{12\,000} = 21{,}1\,\%$</td>
<td>$\dfrac{2\,313}{12\,650} = 18{,}3\,\%$</td>
<td>$\dfrac{2\,112}{13\,102} = 16{,}1\,\%$</td>
<td>$\dfrac{2\,060}{13\,630} = 15{,}1\,\%$</td>
</tr>
<tr>
<td>8 ratio de solvabilité
en fin d'exercice

$\dfrac{\text{capitaux propres}}{\text{ensemble des dettes}}$</td>
<td>$\dfrac{12\,000}{3\,751} = 3{,}2$</td>
<td>$\dfrac{12\,650}{4\,031} = 3{,}1$</td>
<td>$\dfrac{13\,102}{4\,139} = 3{,}2$</td>
<td>$\dfrac{13\,630}{8\,814} = 1{,}6$</td>
</tr>
<tr>
<td>9 rentabilité d'exploitation

$\dfrac{\text{résultat brut d'exploitation}}{\text{chiffre d'affaires hors TVA}}$</td>
<td>$\dfrac{10\,637}{30\,736} = 34{,}6\,\%$</td>
<td>$\dfrac{13\,531}{39\,430} = 34{,}3\,\%$</td>
<td>$\dfrac{19\,013}{46\,314} = 41{,}1\,\%$</td>
<td>$\dfrac{20\,687}{47\,515} = 43{,}5\,\%$</td>
</tr>
</table>

	1998	1999	2000	2001
RATIOS **10** rentabilité des capitaux propres $\dfrac{\text{autofinancement}}{\text{capitaux propres moyens}}{}^{1}$		$\dfrac{5\,934}{12\,325} = 48,1\,\%$	$\dfrac{6\,686}{12\,876} = 51,9\,\%$	$\dfrac{6\,849}{13\,336} = 51,4\,\%$
11 rentabilité du capital (actionnaires) $\dfrac{\text{dividendes}}{\text{capitaux propres}}$	$\dfrac{80}{12\,000} = 0,67\,\%$	$\dfrac{95}{12\,650} = 0,75\,\%$	$\dfrac{115}{13\,102} = 0.88\,\%$	$\dfrac{120}{13\,630} = 0.88\,\%$
INDICES **12** indice d'évolution des résultats	$2\,615 = 100$	$\dfrac{2\,414}{2\,615} = 92$	$\dfrac{3\,541}{2\,615} = 135$	$\dfrac{3\,815}{2\,615} = 146$
13 indice d'évolution des dividendes	$80 = 100$	$\dfrac{95}{80} = 119$	$\dfrac{115}{80} = 144$	$\dfrac{120}{80} = 150$

Solution : commentaires

Le ratio d'endettement, assez stable, mais en progression constante montre une capacité d'endettement à long terme très favorable pour un banquier (ratio 7).

Le ratio de solvabilité (8) montre une dégradation sérieuse en 2001 à cause d'une très forte augmentation des dettes à court terme ce qui provoquera des demandes d'explication du banquier, à moins qu'ils les ait déjà, ce qui est probable.

L'évolution de l'activité est cohérente avec la distribution des dividendes.

Le banquier aura une vue plutôt favorable du dossier portant sur le passé mais il exigera certainement un plan de financement et d'investissement rigoureux ainsi que des budgets très précis des trois années à venir, le tout dans le cadre d'une stratégie réaliste.

---

1. *Autre ratio éventuel : autofinancement/capitaux propres moyens.*

En résumé, il faudra calculer tous les ratios présentés sur les trois années à venir, ce qui est très classique.

Enfin, il faut insister sur le fait qu'il s'agit d'une entreprise de services dont la vraie garantie se trouve dans les compétences et la stabilité du personnel ce qui fera poser bien des questions par un banquier toujours curieux.

Cas n° 4 : AZEMAR (page 117)

Solution technique

	31.12.1998	31.12.1999	31.12.2000	31.12.2001
1 taux de vieillissement (en fin d'exercice) $\dfrac{\text{amortissements cumulés} \times 100}{\text{immobilisations brutes}}$	$\dfrac{13}{15} = 87\%$	$\dfrac{12}{16} = 75\%$	$\dfrac{14}{25} = 56\%$	$\dfrac{17}{30} = 57\%$
2 productivité des immobilisations corporelles brutes $\dfrac{\text{immobilisations corporelles brutes (en M€)}}{\text{effectif}}$	$\dfrac{15}{190} = 78\,947\ €$ par personne	$\dfrac{16}{200} = 80\,000\ €$ par personne	$\dfrac{25}{175} = 142\,857\ €$ par personne	$\dfrac{30}{160} = 187\,500\ €$ par personne

	1998	1999	2000	2001
3 productivité des investissements $\dfrac{\text{investissements corporels de l'exercice (en M€)}}{\text{effectif en fin d'exercice}}$		$\dfrac{1}{200} = 5\,000\ €$	$\dfrac{9}{175} = 51\,428\ €$	$\dfrac{5}{160} = 31\,250\ €$
4 taux d'investissement $\dfrac{\text{investissements corporels de l'exercice} \times 100}{\text{chiffre d'affaires hors TVA}}$		$\dfrac{1}{56} = 1,79\%$	$\dfrac{9}{70} = 12,86\%$	$\dfrac{5}{90} = 5,56\%$
5 indice d'évolution du chiffre d'affaires HT	$50 = 100$	$\dfrac{56}{50} = 112$	$\dfrac{70}{50} = 140$	$\dfrac{90}{50} = 180$
6 indice d'évolution de l'ensemble des immobilisations brutes en fin d'exercice	$15 + 8 = 23$ $23 = 100$	$16 + 10 = 26$ $\dfrac{26}{23} = 113$	$25 + 10 = 35$ $\dfrac{35}{23} = 152$	$30 + 10 + 5 = 45$ $\dfrac{45}{23} = 196$

Solution : commentaires

① **taux de vieillissement**

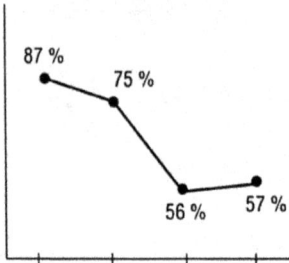

87 %
75 %
56 % 57 %

② **productivité immobilisations**

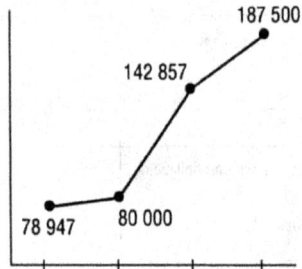

187 500
142 857
78 947 80 000

③ **productivité investissements**

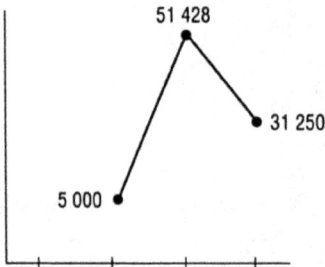

51 428
31 250
5 000

④ **taux d'investissement**

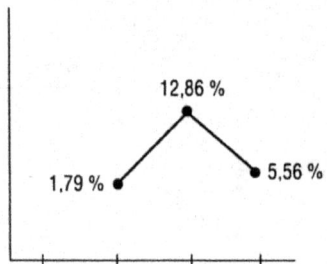

12,86 %
1,79 % 5,56 %

⑤ **indices CA**

180
+ 29 %
140
112 + 25 %
100
+ 12 %

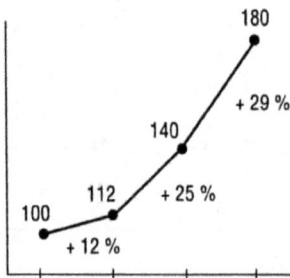

⑥ **indice immobilisations brutes**

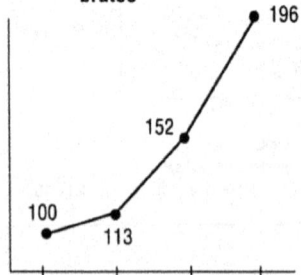

196
152
100
113

1 Taux normal et régulier de vieillissement mais il s'agit de données fiscales, parfois peu en phase avec la réalité économique.

2 Fort investissement en 2000. Le personnel utilise de plus en plus de moyens agissant sur les quantités produites et la qualité des travaux (peut être plus rapides et rationnels).

3 L'effort d'investissement par personne paraît faible dans ce genre d'activité. Un effort sensible a été fait en 2000 et 2001.

4 Le taux d'investissement suit la même évolution que le ratio précédent, ce qui est cohérent.

5 Progression très régulière du chiffre d'affaires (+ 80 % en 4 ans). Cette progression est cohérente avec l'effort d'investissement (+ 96 % entre 1998 et 2001).

6 Une partie de l'évolution des immobilisations en 2001 est due aux investissements financiers.
   Il y a là une question à se poser quant à la stratégie de l'entreprise.

Nota : La prise de commande et la réalisation des chantiers nécessitent entre 12 et 18 mois de négociations et de travaux.
C'est la raison pour laquelle la crise de fin 2001 n'a pas eu de conséquences sur l'évolution du chiffre d'affaires de cet exercice.

Cas n° 5 : THÈME DE RÉFLEXION (page 127)

Solution

Voilà le type même de l'utilisation inepte – sinon naïve – des ratios et de la mauvaise interprétation de la rentabilité.

Les dividendes payés en 2001 se rapportent aux comptes de l'année 2000 et sont rapportés à des valeurs à une date précise. Les valeurs sont fugaces au 31.12.2001. Le décalage est « énorme ».

Pour placer 3 000 € – somme relativement modeste en Bourse – il faut prendre en compte de multiples critères dont les principaux sont les suivants :

- objectifs et stratégies personnels : retraite, revenu complémentaire, recherche de gains à court terme, placement à long terme, part de risques acceptés, recherche de sécurité de revenus…
- étude de la conjoncture économique, de l'influence des événements et, surtout, des tendances avec toutes les incertitudes liées aux compétences toujours limitées des prévisionnistes de toutes sortes,
- bonne connaissance des sociétés et compétences minimales de gestion tant au niveau personnel qu'à celui des entreprises (résultats, bilans, équipes dirigeantes, stratégies, secteur économique…),
- bonne connaissance et interprétation de l'actualité dans un monde de réseaux où tout est lié,
- ne pas tenir compte du passé de l'entreprise dans un monde qui évolue à une vitesse exponentielle.

Exemple – très simplifié – de l'évolution de l'action C (secteur des équipements des nouvelles technologies) :

	moyenne du cours sur l'exercice €[1]	dividende en €	rentabilité apparente
2000	75	3,40 (payé en 2001)	4,53 %
2001	22	1,50 (payé en 2002)	6,82 %

1. « Cours moyen » ce qui est déjà mieux que le cours à une date précise.

Le secteur est sinistré, l'action a perdu 70 % de sa valeur, les dividendes représentent à peine la moitié de ceux de l'année précédente et, cependant la rentabilité « apparente » de l'action s'est « améliorée » de près de 50 % !

Cette constatation ne signifie pas qu'il faille vendre l'action. Il peut être intéressant d'en acheter mais sur bien d'autres critères que la rentabilité apparente.

Cas n° 6 : ARDEM (page 150)

Solution technique

	1998	1999	2000	2001
1 crédit client en mois moyenne des créances sur client TTC chiffre d'affaires TTC/12	$\dfrac{12}{106/12 = 8,83}$ 1,36 mois	$\dfrac{18}{112/12 = 9,33}$ 1,93 mois	$\dfrac{23}{153/12 = 12,75}$ 1,80 mois	$\dfrac{28}{150/12 = 12,50}$ 2,24 mois
2 crédit client en jours moyenne des créances sur client TTC chiffre d'affaires TTC/360	$\dfrac{12}{106/360 = 0,29}$ 41 jours	$\dfrac{18}{112/360 = 0,31}$ 58 jours	$\dfrac{23}{153/360 = 0,42}$ 55 jours	$\dfrac{28}{150/360 = 0,42}$ 67 jours
3 dettes fournisseurs en mois moyenne des dettes TTC aux fournisseurs achats TTC/12	$\dfrac{1}{7/12 = 0,58}$ 1,72 mois	$\dfrac{1}{9/12 = 0,75}$ 1,33 mois	$\dfrac{2}{12/12 = 1,00}$ 2,00 mois	$\dfrac{1}{8/12 = 0,67}$ 1,49 mois
4 dettes fournisseurs en jours moyenne des dettes TTC aux fournisseurs achats TTC/360	$\dfrac{1}{7/360 = 0,019}$ 53 jours	$\dfrac{1}{9/360 = 0,025}$ 40 jours	$\dfrac{2}{12/360 = 0,033}$ 61 jours	$\dfrac{1}{8/360 = 0,022}$ 45 jours
5 rotation des stocks[1] consommation stock moyen	$\dfrac{8}{15}$ 0,53	$\dfrac{9}{16}$ 0,56	$\dfrac{10}{14}$ 0,71	$\dfrac{10}{6}$ 1,67
6 écoulement des stocks en mois stock moyen consommation/12	$\dfrac{15}{8/12 = 0,66}$ 23 mois	$\dfrac{16}{9/12 = 0,75}$ 21 mois	$\dfrac{14}{10/12 = 0,83}$ 17 mois	$\dfrac{6}{10/12 = 0,83}$ 7 mois
7 écoulement des stocks en jours stock moyen consommation/360	$\dfrac{15}{8/360 = 0,022}$ 682 jours	$\dfrac{16}{9/360 = 0,025}$ 640 jours	$\dfrac{14}{10/360 = 0,028}$ 500 jours	$\dfrac{6}{10/360 = 0,028}$ 214 jours

---

1. *Correspond à la quantité de fois par an que se renouvelle le stock.*

Solution : commentaires

En apparence, dans une entreprise de services, les stocks sont peu importants, le crédit fournisseur négligeable et le crédit client est le seul poste à contrôler surtout dans les entreprises commerciales.

Ces affirmations sont souvent fausses car ces trois postes sont toujours importants en soi. Ils sont une source de profits très significative quand leur gestion est contrôlée avec rigueur.

Réduire le crédit client, le crédit fournisseur et améliorer la gestion des stocks peut augmenter la rentabilité d'exploitation de 10,5 % sans difficultés et peut l'améliorer dans certains cas jusqu'à 30 à 40 %, même dans les entreprises de services.

② crédit client en jours

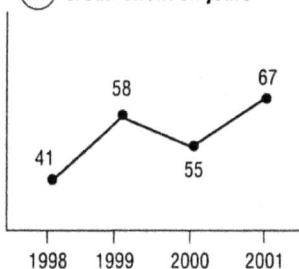

Le crédit client s'est nettement amélioré en 2000 mais la récession de 2001 (événements mondiaux et diminution de 2 % du chiffre d'affaires) a entraîné une détérioration sévère de ce poste important.

④ crédit fournisseur en jours

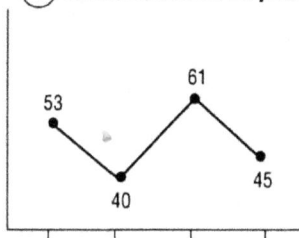

L'évolution de ce ratio n'est pas significative dans cette entreprise étant donné les montants relativement faibles du poste fournisseur.

5 rotation des stocks

1,67

0,71

0,53

0,56

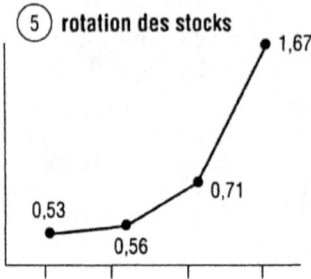

L'évolution de ces ratios **5** et **6** montre une amélioration très sensible de la gestion des stocks particulièrement importante pour ce type d'entreprise de service (matériaux d'emballages particulièrement chers).

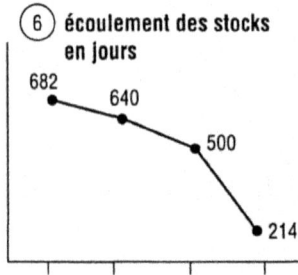

6 écoulement des stocks en jours

682

640

500

214

682 jours de consommation en stock était les conséquences de négligences apparantes. On s'aperçoit que pour redresser une gestion déplorable de ce poste, il aura fallu 4 ans, 214 jours étant encore insuffisants.

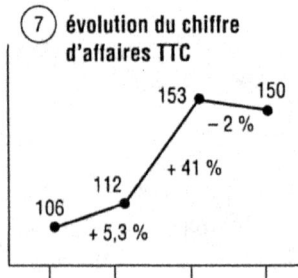

7 évolution du chiffre d'affaires TTC

153

150

– 2 %

112

+ 41 %

106

+ 5,3 %

Pour l'étude et l'analyse des postes clients, fournisseurs et stocks de produits finis, l'évolution du chiffre d'affaires est indispensable (corrélation).
À noter que dans le cas ARDEM, les stocks et les consommations se rapportent à des matières et fournitures.

234

Cas n° 7 : SEMCO (page 174)
Solution technique

écarts	+ mali − boni		activité en % sur l'ensemble	
en valeurs absolues	en %		prévu	réalisé
P − R[1]				
1 structure 16 − 18 = − 2	− 2/18 = − 11,1 %			
2 engrais 38 − 34 = + 4	4/34 = + 11,8 %		30,8 %	26,6 %
3 produits d'entretien 46 − 45 = + 1	1/45 = + 2,2 %		35,9 %	36,7 %
4 nourriture de bétail 5 − 5 = 0	−		9,6 %	9,5 %
5 autres produits 47 − 37 = + 10	10/37 = + 27,0 %		23,7 %	27,2 %
			100,00 %	100,00 %

	étude de la rentabilité d'exploitation			
	prévue		réalisée	
• **marges par produit**	R − P[1]		R − P[1]	
6 engrais	48 − 34 = 14	$\dfrac{14}{34}$ = 41 %	42 − 38 = 4	$\dfrac{4}{38}$ = 11 %
7 produits d'entretien	56 − 45 = 11	$\dfrac{11}{46}$ = 24 %	58 − 46 = 8	$\dfrac{8}{46}$ = 17 %
8 nourriture de bétail	15 − 5 = 10	$\dfrac{10}{5}$ = 200 %	15 − 5 = 10	$\dfrac{10}{5}$ = 200 %
9 autres produits	37 − 37 = 0	0 %	43 − 47 = − 4	$\dfrac{-4}{47}$ = − 9 %
• **rentabilité globale d'exploitation**				
10 $\dfrac{\text{résultat avant impôt}}{\text{chiffre d'affaires HT}}$	156 − 139 = 17	$\dfrac{17}{156}$ = 10,9 %	158 − 152 = 6	$\dfrac{6}{158}$ = 3,8 %

1. P = prévu = objectifs pour 2001.
   R = réalisé en 2001.

Les ratios

MARGES

	prévues		réalisées		écarts
	en valeurs absolues	% ensemble	en valeurs absolues	% ensemble	en valeurs absolues
engrais	14	41 %	4	22 %	− 10
produits d'entretien	11	31 %	8	44 %	− 3
nourriture de bétail	10	28 %	10	56 %	0
autres produits	0	0	− 4	− 22 %	− 4
	35	100 %	18	100 %	− 17

Solution : schémas

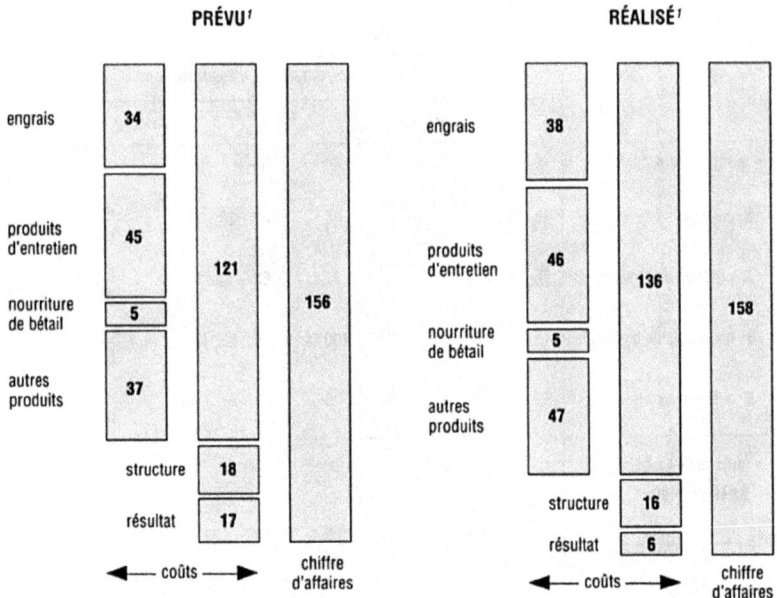

PRÉVU[1]

engrais	34
produits d'entretien	45
nourriture de bétail	5
autres produits	37
	121
structure	18
résultat	17
	156
coûts	chiffre d'affaires

RÉALISÉ[1]

engrais	38
produits d'entretien	46
nourriture de bétail	5
autres produits	47
	136
structure	16
résultat	6
	158
coûts	chiffre d'affaires

---

1. *Chiffres de ces schémas : voir page 174.*

ÉCARTS

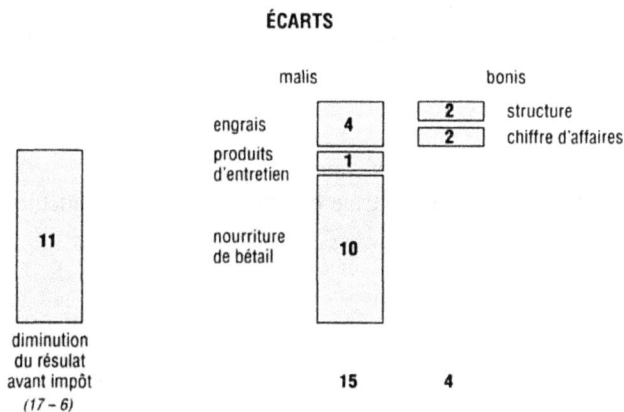

	malis		bonis	
engrais		4	2	structure
produits d'entretien		1	2	chiffre d'affaires
11	nourriture de bétail	10		
diminution du résultat avant impôt *(17 - 6)*		15	4	

Solution : commentaires

Les tableaux, graphiques et schémas montrent une méthode d'analyse budgétaire réalisée à partir d'un exemple simple basé sur des ratios d'écarts prévisions/réalisations.

Dans ce genre d'analyse, il est souvent très utile de realiser des schémas ou des graphiques pour faciliter la comphrésension et la relativité des chiffres.

Dans le cas SEMCO on constate les faits suivants :

- toutes les marges sont en « mali » sauf les coûts de structure assez bien maîtrisés (16 réalisé pour 18 prévus),
- c'est le produit le plus modeste en volume (nourriture de bétail) qui contribue le mieux à « éponger » les coûts de structure (56 %),
- le domaine des « autres produits » est probablement mal géré : trop de diversité, peu ou pas de responsables, dipersion des contrôles...). Ce domaine représente 27 % de l'activité avec une rentabilité prévisionnelle de 0 et termine l'exercice avec une rentabilité négative de 9 %. C'est le seul domaine en perte.

En conclusion

1) L'effort de gestion doit être porté sur le domaine « autres produits » soit en diminuant les coûts – en particulier les coûts d'achat – soit en

augmentant certains prix de vente, soit en éliminant des produits dont le stock tourne trop lentement surtout s'ils ne contribuent pas à la vente d'autres produits !

2) Pour les autres domaines, la remarque précédente est applicable mais l'ordre des décisions à prendre est de s'intéresser d'abord aux « autres produits » et ensuite aux engrais.

3) Dans l'ensemble, le contrôle budgétaire mérite certainement d'être plus rigoureux.

Cas n° 8 : SPM (page 187)
Solution technique

	rentabilité à partir des coûts variables		poids des marges par produit		poids du chiffre d'affaires par produit	
1 passoires	$1\,215 - 1\,102 = 113$	$\dfrac{113}{1\,102} = 10,3\,\%$	113	14,8 %	1 215	13.3 %
2 tire-bouchons	$643 - 508 = 135$	$\dfrac{135}{508} = 26,6\,\%$	135	17,8 %	643	7.0 %
3 ouvre-boîtes	$956 - 756 = 200$	$\dfrac{200}{756} = 26,5\,\%$	200	26,3 %	956	10.5 %
4 casseroles	$6\,333 - 6\,020 = 313$	$\dfrac{313}{6\,020} = 5,2\,\%$	313	41,1 %	6 333	69.2 %
			761	100,00 %	9 147	100,00 %

5 rentabilité globale à partir des coûts variables

$$\frac{\text{chiffre d'affaires} - \text{coûts variables}}{\text{coûts variables}} \qquad \frac{9\,147 - 8\,386}{8\,386} = \frac{761}{8\,386} = 9,07\,\%$$

6 couverture de la structure par la marge

$$\frac{\text{marge globale}}{\text{coûts de structure}} \qquad \frac{761}{650} = 117\,\%$$

7 résultat avant impôt $\qquad 761 - 650 = 111$

8 rentabilité d'exploitation $\qquad \dfrac{111}{8\,386} = 1,32\,\%$

**Graphique des poids des marges et chiffre d'affaires par produits
(CA = chiffre d'affaires ; M = marges) (en % de l'ensemble des produits)**

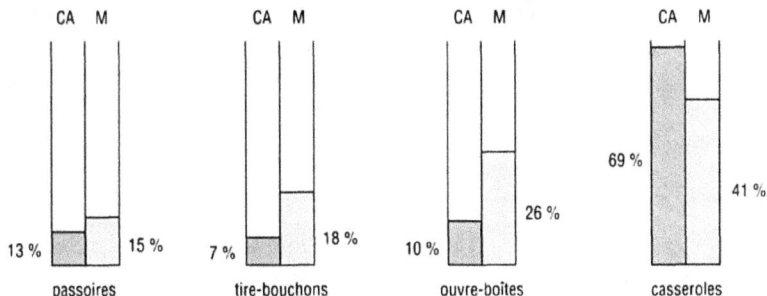

passoires	tire-bouchons	ouvre-boîtes	casseroles

Solution : commentaires

On constate, tout d'abord, que toutes les gammes de produits ont une rentabilité positive.

Une solution simpliste et stupide consisterait à supprimer la fabrication et la vente des casseroles sous pretexte que cette activité dégage la rentabilité la plus faible (5,2 %).
Cette solution aurait pour effet de supprimer 313 K€ d'absorption de coûts de structure et se traduirait par des pertes pour l'ensemble de l'entreprise. De plus, les casseroles représentent 70 % de l'activité.

Supprimer les tire-bouchons sous prétexte qu'ils ne représentent que 7 % de l'activité, supprimerait 135 K€ d'absorption de structure et ferait passer la marge de 761 − 135 = 625 K€ pour 650 K€ de coûts de structure.

En fait il n'est pas possible de supprimer une seule gamme de produits car elles représentent un ensemble cohérent, chacune bénéficiant de la marque et contribuant au développement de l'ensemble.

Pour supprimer une gamme de produits, il faudrait démontrer :
- soit que cette suppression permet le développement des autres produits ou permet de créer une nouvelle gamme plus rentable ce qui nécessite de définir une stratégie, une étude de produit, de faisabilité, une étude de marché et des investissements,
- soit que la suppression d'une gamme de produits diminue sensiblement les coûts de structure. Cette solution est possible mais nécessite des simulations budgétaires (production, finances, commercial et social).

En fait, le problème de cette entreprise consiste à porter les efforts de gestion sur les casseroles en :
- modifiant la composition de la gamme,
- définissant une stratégie de qualité,
- augmentant les prix de vente,
- agissant sur les coûts d'activité.

Dans ce cas, nous n'avons pas envisagé la cession de l'activité casseroles, une telle solution nécessiterait une toute autre approche dont l'intitulé et la pertinence resterait à démontrer.

Index alphabétique

www.ingramcontent.com/pod-product-compliance
Lightning Source LLC
Chambersburg PA
CBHW061152220326
41599CB00025B/4452